Basics and Common Practices of Telephone Manners

これだけは知っておきたい

「電話応対マナー」の基本と常識

スマートな受け答えがビジネスの幅を広げる!

社会人になったら絶対に押さえておきたい
「電話応対マナー」のコツとフレーズを紹介

日本アイラック株式会社【著】

フォレスト出版

はじめに

あなたは、会社で電話のベルが鳴ったとき、「誰かが取ってくれるといいな」と思うことがありますか？　または、人に連絡を取るとき、「電話を掛けようか」「メールにしようか」と迷い、結局メールにした、というような経験はありますか？

「ある」というあなたは、電話について苦手意識があるのでしょう。現代は、メールでのやりとりが増えたせいか「電話が苦手」という人が多くなっているようです。

メールは、打っている途中でいきなり相手が怒り出すことはありませんし、こちらが伝えたい用件だけを伝えることができる、便利なツールです。

しかし、ビジネスシーンにおいて、電話応対は避けて通ることができません。

電話の特徴は「声だけのコミュニケーション」だということです。声だけで、相手の伝えたいことを理解し、こちらの伝えたいことを相手に伝えなければなりません。実際に会って話すなら、相手の表情などで気持ちを測ることもできますが、電話ではそれができません。

しかも電話を受けた時点で、あなたは「会社の顔」として応対することが求められます。電話してきた人にとって、あなたは会社の窓口であり、あなたの応対が、会社へのイメージにつながるからです。

もしあなたが、ビジネス電話の応対マナーを知らなかったために、失敗した経験から、「電話は苦手」と思っているとしたら、それは当然の結果です。

ビジネス電話には、プライベートの電話とは違う「ルール」があります。このルールを知らなければ、上手な電話応対はできません。

逆にルールを知っていれば、たとえトラブルが起こっても、何が原因だったかを反省できるでしょう。受話器の向こうには必ず相手がいます。自分に非がないと思っていても、トラブルが起こることはありえます。

原因がわかれば、次は同じ間違いをしないように気をつけることができます。

電話に苦手意識を持ち続けるより、電話応対マナーを覚えて得意分野にすれば、まずはあなた自身も、気分良く仕事ができるようになるでしょう。

また、あなたの仕事が忙しくても、電話は必ず掛かってきます。取り次ぎ電話だけでなく、クレームや緊急依頼など、さまざまな内容のものがあります。仕事に集中したいときに電話を受けるのは、少し面倒と思うかも知れません。

しかし、電話を受けることは、あなたにとってプラスになります。

最初から電話応対が得意という人はいません。社会に出たばかりの頃は、誰もが電話に対して苦手意識を持っているといっていいでしょう。これを克服していくには、経験を積むのが一番の近道なのです。

２０１２年２月

日本アイラック株式会社

プロローグ

——ビジネス電話の基本のキホン

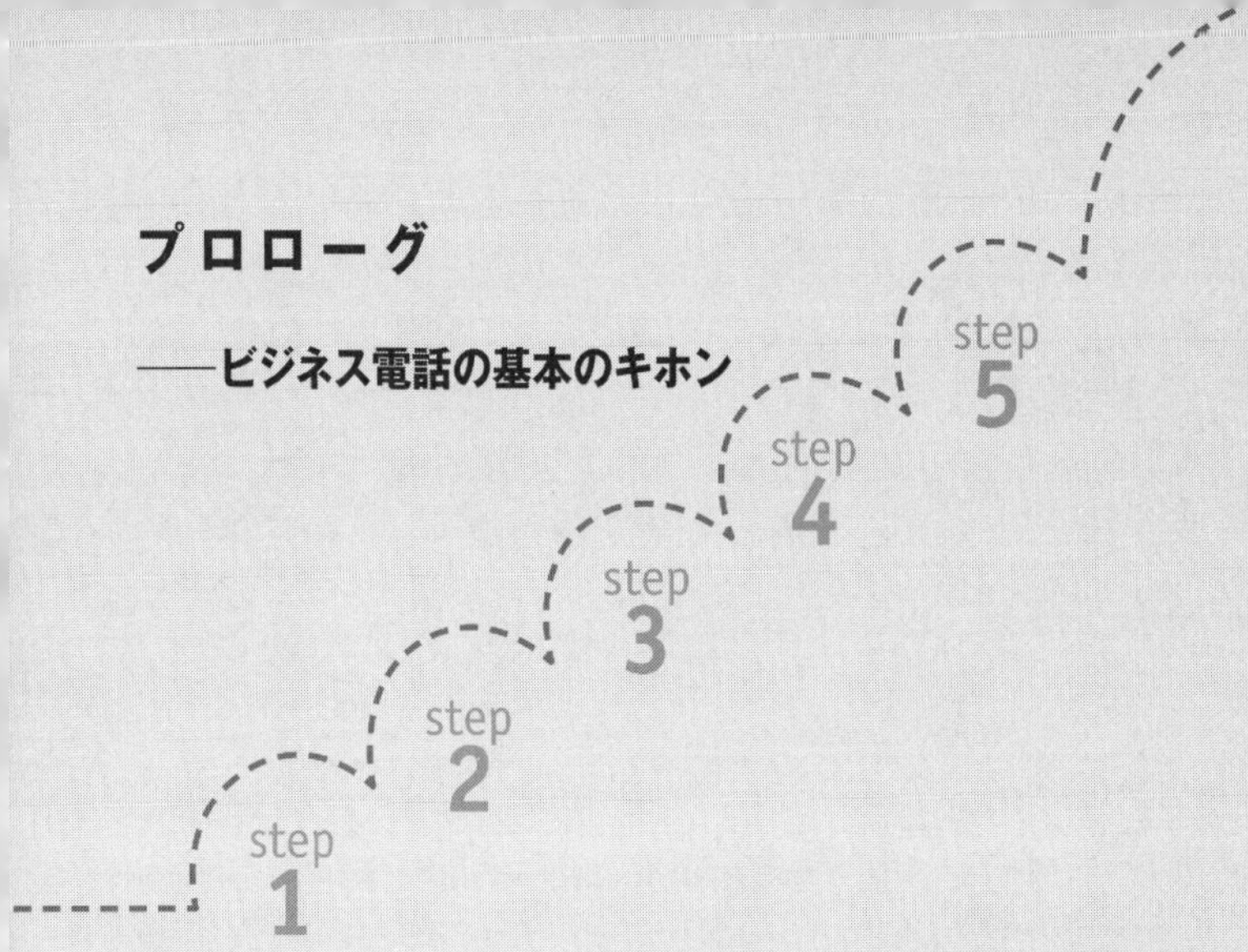

電話応対の心構えは相手への気遣い

電話を掛けたら録音テープの声が流れてきた……。サポートセンターなどでは最初に「音声自動案内」を使う企業も多くなりました。

電話の相手が録音された声の場合、あなたはちょっと拍子抜けした気分になることはないでしょうか。

この気分は、受話器の向こう側の「相手」が、こちらが何を言っても反応してくれないことへの、軽い失望が含まれています。

こちらがどんなに急いでいても、テープは早回しにはなりません。音声にしたがわないと次のステップへも進めません。もし人が出てくれたら……、こちらの声の調子や話の内容から、状況をすぐに把握して、素早く対処してくれるでしょう。

電話は声だけとはいえ、やはり人間同士のコミュニケーションです。声や話し方で、お互いの感情が伝わります。そこが良いところであり、また難しいところでもあります。

では、テープの音声ではなく人が出たのに、録音と変わらないような、融通の利かない、人間味がまったく感じられない応対をされたらどうでしょう？　おそらく音声よりも不快な気分になるのではないでしょうか。

ビジネスシーンにおいては、プライベートのように、感情をストレートに出すことはあまりありません。それでも「人と人とが電話で話す」という行為は、相手と多くの情報を交換しながら成立しているものなのです。

だから、「電話は怖い……」。そういうあなたは、相手と実際に会って話している場面を想像してみてください。

人と会ったときは誰でも、相手を不快な気分にさせないよう、こちらに好感を持ってもらい、仕事がうまくいくように注意を払います。

お互いの主張が違うようならなおさらです。条件の交渉など、喧嘩腰で話してもうまくいきません。電話での応対もまったく同じことが言えます。

相手を気遣い、相手が欲していることは何か、どうすれば相手の希望をかなえることができるか、などを念頭に置いて応対することが大切なのです。そして声だけでやりとりする分、細心の注意を払う必要があります。

また、自分は単なる取り次ぎだから、他人の仕事に関することだから、と機械のように平坦な応対をするのも良い態度ではありません。

電話を受けたことで、あなたは相手にとって、会社を代表する人間になるからです。あなたの応対が良ければ、相手は会社自体を好ましく思うでしょう。逆なら、嫌な印象を持ちます。

あなたも他の会社に電話したときに、同じようなことを感じることはありませんか？　良い応対をしてもらうと、仕事上であっても気分が良いものです。

ですからビジネス電話では、自分の姿が相手に見えないからといって、他の用事をしながら会話する「ながら電話」は、決してしてはいけません。どんなに忙しくても電話を受けた以上、会って話すときと同じように、相手に向き合って話すことが大切なのです。

スムーズな電話応対の流れとは？

電話応対への苦手意識をなくすには、まず、その基本的な流れを理解しておきましょう。

基本的な電話応対の流れは、以下の内容になります。

1　電話に出る

2　挨拶して名乗る

3　相手の要望を聞く

4　要望に即した応対をする

5　挨拶して電話を切る

このときの応対に必要な「明るく」「丁寧」「正確」「迅速」という4つのポイントについて説明しましょう。

最初に「明るく」挨拶することは、相手に好印象を与えます。第一印象の良しあしは、その後の会話にも影響を及ぼすだけではなく、会社のイメージを左右しますから、できるだけ明るく、元気に話すように心掛けます。次に、「丁寧」に話すことは、聞き取りやすく、また礼儀をもって相手に応対していることも伝わります。

そして「正確」「迅速」は、ビジネス電話において、特に必要とされる事項です。

いくら明るく丁寧に応対しても、相手の言うことを間違えて聞き取ったり、取り次ぎ人を間違えてつないだりすれば、相手は不快になってしまいます。

一方、一刻も早く、対処または解決しなければならない案件もあります。このようなときは慌てず、かつ迅速に応対することが求められます。

そのために、電話を取る前に準備すべきことがあります。

まず、社内では、常に電話が鳴る可能性があると自覚することです。そして、新入社員にとって電話を受けることは、「その他」の仕事ではなく、自分自身の仕事と心得てください。

電話のベルが鳴ったら、3コール以内に出るのがビジネス電話のルールです。他の人が出るだろう、とほったらかしてはいけません。自分が率先して出るようにします。そうすることで、電話の相手だけではなく、あなたに対する社内の印象も良くなるでしょう。

そして机の上には、すぐにメモが取れるように、常にメモ帳とペンを用意しておきます。電話に限らず、社内間でも伝言を受けることはありますから、常にメモを書く習慣をつけておくといいでしょう。

電話が鳴ったら意識して左手で（利き手が右の人）取るようにします。こうすれば、左手で受話器を持ち、右手でペンを持てるからです。

電話を聞きながら、相手の名前や用件をすぐに書きつけるようにしましょう。メモを書くことは伝言内容の間違いの防止になります。

こうやって準備を整えていれば、急に電話が鳴ってもうろたえることがなくなるでしょう。

電話応対の流れ

1　電話に出る

□３コール以内に出る

□３コール以上の場合………「お待たせしました」

□コール数が多く鳴って電話を取った場合………

「大変お待たせしました」

2　挨拶して名乗る

「お電話ありがとうございます。○●社の●○でございます」

3　相手の要望を聞く

□名指し人がいる場合

電話を保留にしてから迅速に名指し人へ相手の社名と名前を伝える………「○●社の●○様からお電話です」

□名指し人がいない場合

名指し人の状況が不在(外出・休み・電話中)の理由を伝える……

「申し訳ございません。●○はただいま外出しております」

□折り返し電話をさせる場合………

「かしこまりました。恐れ入りますが、念のため、お電話番号をお伺いしてもよろしいでしょうか？」

□伝言を受けた場合

「かしこまりました。伝言を承ります」

4　要望に即した応対をする

□相手が言ったことを確認・復唱する………

「確認のため、お電話番号を復唱させていただきます。○○-○○○○-○○○○、飯田橋社の田中様でいらっしゃいますね」

5　挨拶して電話を切る

□電話を切るときの挨拶………

「こちらこそ、よろしくお願いいたします。失礼いたします」

□相手が電話を切ったのを確認してから、静かに受話器を置く

声の出し方と話し方のポイント

自分の声を録音して聞いたとき、たいていの人が違和感を覚えます。「なんだか変に高い声」「早口で落ち着かない感じ」など、普段、自分の耳で聞いている声とは少し違う声なのです。

しかし、他人が聞いているあなたの声は、録音された声のほうです。自分が聞いている声とは若干のずれがあるので、まずは声の出し方から意識したほうがいいでしょう。

話すときの声には、「高さ」「大きさ」「スピード」という3つのポイントがあります。相手に好印象を与えるのは明瞭で元気な声ですから、普段よりやや高い声になるようです。けれど声の高低よりもむしろ、相手に聞き取りやすい、はっきりした声で話すことを心掛けます。

聞き取りやすさという点では声の大きさも大切です。相手にこちらの話が聞き取れるように、ある程度の声量で話します。

ただし、聞き取れないような小さな声では困りますが、大きすぎるのも問題です。時々、元気がいいことを示そうと、ことさら大きな声で話す人がいますが、大きすぎる声は騒音のような不快感をもたらします。過剰な演出は不要です。

声の出し方で難しいのは「スピード」でしょうか。これは状況で変えていかなければならないので、少々テクニックが必要です。

相手が急いでいるときに、のんびり話していたら、相手はいらいらしてしまいます。相手のスピードに合わせて、端的に話さなければなりません。

また相手に内容をしっかり把握してほしい、理解してほしいと思ったら、ゆっくり話さないと伝わりません。相手の年齢も考える必要があります。高齢の方に早口で話し続けるのは不親切でしょう。

自分が忙しいからと、早口で用件を済ませてしまおうとするのも、良くない態度です。相手を軽んじれば、必ず相手に伝わることを肝に銘じて話すように心掛けてください。

電話の苦手意識をなくすためにすべきこと

会社に掛かってきた電話は、あなた宛てとは限りません。同じ部署、あるいはまったく関係のない部署の人に掛かってくることもあります。

このとき、掛けてきた相手が望むのは「すぐに担当に取り次いでほしい」ということです。担当につながる前にいろんな部署に電話をたらい回しにされたり、途中で電話が切れてしまったり、という経験は誰にでもあるでしょう。小さなミスだと思っても、やはり良い気持ちはしないものです。「ああ、この会社は……」と思うでしょう。

こんな失敗をしないために、準備することは2つあります。

ひとつは、電話の保留や転送の仕方など、基本的な機能を使いこなせるようにしておくことです。

そしてもうひとつは、社員の名前を覚えるようにすることです。社員の数が多いとき、全員の名前を覚えるのは難しいかも知れません。会社の組織図などを参考にしながら、部署や名前をなるべく覚えるようにしてみましょう。

社員の名前や部署を覚えることで、部署違いの電話にもスムーズに応対できるようになるので、覚える価値はあります。

そして、自分の仕事に直接関係がなかったとしても、お得意先やよく電話が掛かってくる人の名前と会社名くらいは覚えておくようにしたいものです。名前を覚えることで、相手に対して自然と親近感が生まれるでしょう。取り次ぐだけの簡単な会話であっても、「自分のことを知ってくれている」と感じさせることは、相手にとって心地よいものなのです。

きちんとした「敬語」を身につける

「電話が苦手」な人の理由のひとつに、「敬語は難しい」ということがあるようです。特に電話は声だけでのコミュニケーションです。言葉の言い間違えは、相手に嫌な印象を与えることになりやすいのです。敬語は難しいと考える人が多いのも当然でしょう。

敬語には「尊敬語」「謙譲語」「丁寧語」「美化語」の4種類があり、それぞれ意味と使い方が違います。

「尊敬語」は相手の行為に対して使う言葉。「謙譲語」は自分の行為に使うことで相手に対する尊敬を示す言葉です。

「丁寧語」と「美化語」は、どちらも言葉を修飾するものです。相手に対して丁寧な印象を与える言葉と考えればいいでしょう。

「尊敬語」と「謙譲語」でよくあるのは、外部の人から上司に取り次いでほしいと言われ、「まだ戻られていません」などと、上司に対して尊敬語を使ってしまうことです。

こうした間違いは「社員は身内。外部の人はお客様」と考えれば避けることができます。会社は家族と同じ扱いなのです。

他人に家族のことを話すときは、たとえ父親のことでも「父が参ります」と謙譲語を使うのと同じ言い方だと考えればいいのです。

そして近年、飲食店などで使われる「何々でよろしかったですか」という丁寧語はおかしい、と言われるように、「丁寧語」も「美化語」もあまり過剰に使うと、相手に奇妙な印象を与えてしまいます。

「丁寧にしておけば、とりあえず問題がない」という考え方もありますが、あくまで自然体であること、相手に不自然な印象を与えないことが大切です。

かといって仕事では、友達と話すときのような言葉遣いは相手に対する尊敬が感じられないため、使うことができません。

まずは、丁寧語である「です・ます調」で、自然に話せるようにしてみましょう。美化語も「お電話」「ご用件」など、簡単な言葉なら自然に口に出すことができます。そして「尊敬語」と「謙譲語」は、逆に使わないように気をつけることを徹底して、少しずつ語彙を増やしていけばいいのです。

電話応対をスムーズにする敬語

	尊敬語	謙譲語	丁寧語
言う	おっしゃる 言われる	申す 申し上げる	言います
聞く	お聞きになる 承る	伺う 拝聴する	聞きます
見る	ご覧になる	拝見する	見ます
思う	思われる お思いになる	存じる お考えになる	思います
あげる	くださる	差し上げる	あげます
もらう	お納めになる お受け取りになる	頂戴する いただく・賜る	もらいます
行く	いらっしゃる 行かれる おいでになる	参る 伺う	行きます
来る	いらっしゃる お越しになる おいでになる	参る 伺う	来ます
会う	お会いになる	お目に掛かる	会います
知る	ご存知	存じ上げる 存じる	知っています
する	なさる・される	いたす	します
いる	いらっしゃる	おる	います
食べる	召し上がる	頂戴する いただく	食べます

クッション言葉を使いこなす

クッション言葉とは、「恐れ入ります」「申し訳ありません」など、用件の前につけることで言葉の印象を柔らかくする言葉です。

ものをたずねるときや、お願いするとき、または断るときなどもクッション言葉を使うことで、すんなりと口に出すことができ、使い慣れると大変に便利な言葉です。電話応対中、場合によっては、言いづらいことも言わなければなりませんが、クッション言葉を使うことで、相手が受け入れやすくなります。電話のときだけではなく、ビジネス会話全般にも、文書を書くときにも使えますから、ビジネスでは必需といえる言葉です。

ただし、クッション言葉は「決まり文句」です。電話応対のとき、あまり事務的に使うと、逆に相手に冷たい印象を与えてしまいます。あくまでも、相手に対して誠実に応対してこそ「使える」言葉なので、機械的に乱用するのは禁物です。特に電話応対のときには、きちんと感情を込めて話すようにしてください。クッション言葉を上手に使いこなせるようになる頃には、あなたの電話に対する苦手意識はすっかりなくなっているでしょう。

電話応対で使えるクッション言葉

相手にお詫びを伝えるとき

申し訳ございません／失礼いたしました／ご迷惑をお掛けしました

相手に感謝を伝えるとき

恐れ入ります／ありがとうございます／お世話になりました／
今後の参考にさせていただきます

相手の意向に沿えないとき

申し訳ございません／あいにく／大変失礼ですが／
申し上げにくいのですが／残念ですが／お言葉を返すようですが

相手に共感したとき

ご心配ですね／ご事情お察しいたします／
おっしゃる通りですね

COLUMN 1

基本的な電話応対フレーズ

ビジネスシーンでは、常に丁寧な言葉遣いが要求される。電話応対で、すぐに使えるよう、普段から使って慣れておこう。

言い換えられる言葉一覧

私（わたし）	→	私（わたくし）
会社（自分の会社）	→	弊社／当社
会社（相手の会社）	→	御社
今日	→	本日
明日（あす／あした）	→	明日（みょうにち）
一昨日（おととい）	→	一昨日（いっさくじつ）
明後日（あさって）	→	明後日（みょうごにち）
すぐに	→	ただいま
さっき	→	先ほど
すごく	→	とても／大変／非常に
少し	→	少々
あれ	→	あちら
これ	→	こちら
一応	→	念のため
いいですか？	→	よろしいでしょうか？
聞きます	→	承ります
わかりました	→	かしこまりました／承知いたしました
ありません	→	ございません
わかりません	→	わかりかねます
伝えておきます	→	申し伝えます
そうです	→	さようでございます
そうですか？	→	さようでございますか？
どうしますか？	→	いかがなさいますか？
どうですか？	→	いかがでしょうか？
少し待ってください	→	少々お待ちください
席にいません	→	席を外しております
すみません	→	申し訳ございません

これだけは知っておきたい
「電話応対マナー」の基本と常識

CONTENTS

step 1

step 2

step 3

step 4

step 5

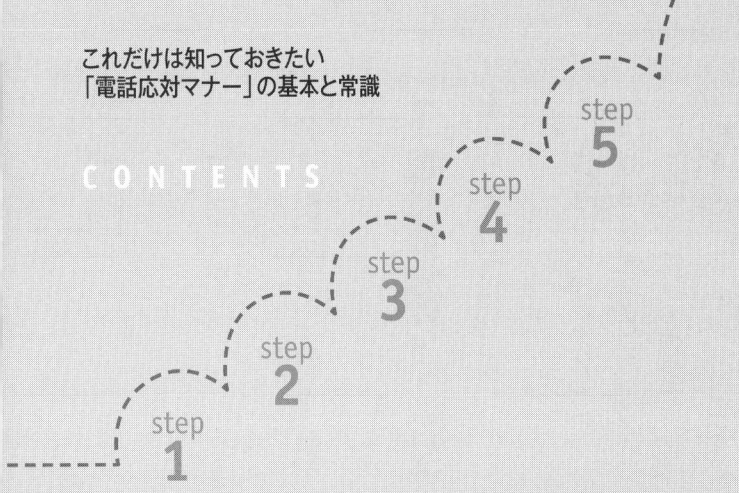

step 2 電話を受けるときのトラブルはこう解消する

step 4 クレーム電話応対の基本

step 5 携帯電話のビジネスマナーの基本

編集協力……片山一行
執筆協力……野村麻里
装丁…………藤瀬和敏
本文デザイン…島津デザイン事務所

電話の受け方・取り次ぎ方の基本

step 1

step 2

step 3

step 4

step 5

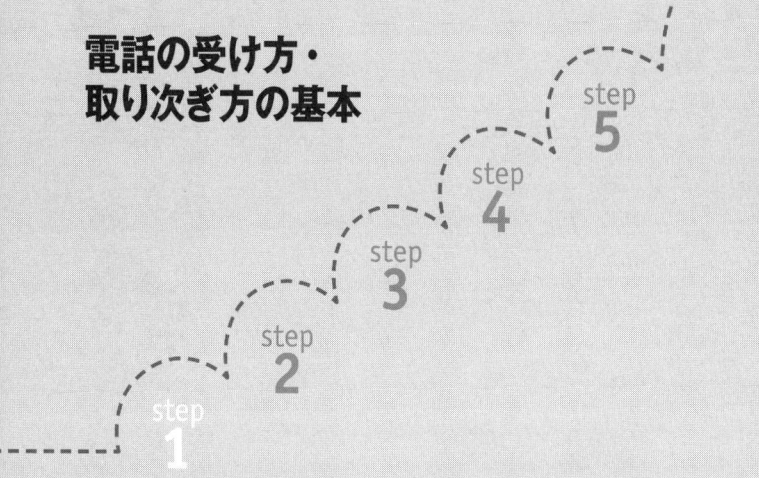

1-1

電話に出る

「お電話ありがとうございます。○○社でございます」

慣れないうちは、会社で電話に出ること自体に、緊張するかも知れません。最初は、基本を守って丁寧に応対することを心掛けましょう。

ビジネス電話では、プライベートのように「もしもし」は使いません。「お電話ありがとうございます。千川社でございます」の挨拶で始まります。朝10時までなら、「おはようございます」と言うのも爽やかな印象を与えます。

「はい、千川社でございます」と社名を言う会社もありますが、第一声は聞き取りづらいことがあるので、最初は挨拶するほうがより親切な応対です。

そして、電話を取り次ぐだけの場合でも、名乗ったほうが責任感を持って取り次ぐ、という印象が強くなりますので、挨拶の後は自分の名前を名乗るようにしましょう。

またビジネスでは、電話が鳴ったら3コール以内に出るのが基本です。

3回以上鳴ってから電話を取ってしまった場合は、最初に「お待たせしました」、5回以上なら「大変お待たせしました」とお詫びの言葉を最初に伝えてから、挨拶に入るようにしましょう。

point

電話が鳴ったら3コール以内に出よう。
取り次ぎ電話でも自分の名前は名乗ろう。

基本ケース

「お電話ありがとうございます。千川社でございます」

「お世話になっております。飯田橋社の田中と申します」

3コール以上電話が鳴ったケース

「お待たせしました。千川社でございます」

「お世話になっております。飯田橋社の田中と申します」

電話のコール数が多く鳴ったケース

「大変お待たせしました。千川社でございます」

「お世話になっております。飯田橋社の田中と申します」

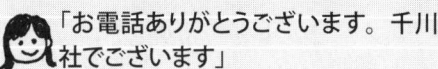

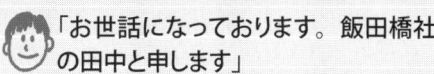

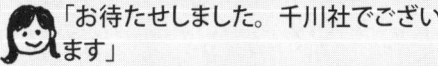

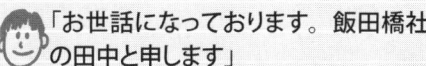

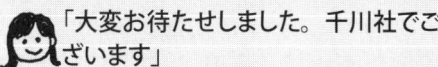

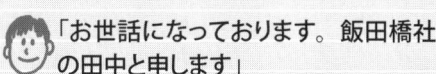

1-2 挨拶する

「お世話になっております」

初めての電話で、「お世話になっております」は変では？　と思ったことがありませんか。ビジネスシーンでは一般的に「お世話になっております」が挨拶とされているので、間違いではありません。ただ、「マニュアル通りだな」と思う人もいますから、明らかに初めて掛けてきたとわかる場合は、「お電話ありがとうございます。飯田橋社の田中と申します」と言ったほうが、良い印象を与えることもあります。

一方、「いつもお世話になっております」と言われたら、「こちらこそ、いつもお世話になっております」と返します。もし相手が最近会った人、あるいは連絡を取り合った人であれば、「先日はありがとうございました」と付け加えるのもいいでしょう。

サービス業や電話注文の多い店舗の業務で、頻繁に連絡を取り合っている相手の場合は、最初に「いつもお電話をいただき、ありがとうございます」と言うのがふさわしい挨拶です。

挨拶にも「マナー」はありますが、あまり機械的にならないよう、慣れてきたと思ったら、多少は臨機応変に応対したほうが、印象は良くなります。

point

「お世話になっております」は一般的な挨拶。機械的でない挨拶を工夫してみよう。

取り次ぎ挨拶の基本ケース

「いつもお世話になっております」

「恐れ入りますが、山田課長はいらっしゃいますか？」

先方が先に挨拶したケース

「いつもお世話になっております」

「こちらこそ、いつもお世話になっております」

先方との連絡が頻繁なケース

「いつもお世話になっております」

「いつもお電話をいただき、ありがとうございます」

1-3

相手の名前を伺う

「恐れ入りますが、お名前をお伺いしてもよろしいでしょうか？」

挨拶の後に、先方が名乗らなかった場合、こちらから名前を聞く必要があります。このとき、「恐れ入りますが」というクッション言葉が役に立ちます。「恐れ入りますが、お名前をお伺いしてもよろしいでしょうか？」と聞けばいいのです。時々、「どちら様ですか？」という言い方を耳にします。「様」はつけていますが、「あなたは誰？」と聞くのと同じことなので、多少失礼な印象を与えます。ビジネスでは避けたほうがいいでしょう。また、「お名前様」というように、「お」と「様」を二重につけるのも、間違った言葉遣いです。

相手が名指し人の名前だけを言った場合は、「恐れ入りますが、お名前をお伺いしてもよろしいでしょうか？」と聞けばいいでしょう。「田中と申しますが、山田課長はいらっしゃいますか？」と、名前だけで社名を名乗らない場合は、「恐れ入りますが、田中様の会社名もお聞かせいただけますでしょうか？」と聞けばいいです。ビジネス電話では、社名と自分の名前を最初に言うのが一般的なルールです。相手に正しく聞けば、失礼にはあたりません。また、社名と名前を聞くのは、いたずら電話の防止にもなるという側面もあります。

point

たずねるときはクッション言葉を活用しよう。
名前と社名を聞けば、いたずら電話の防止にもなる。

先方が名前を名乗らないケース

「山田課長はいらっしゃいますか?」

「恐れ入りますが、お名前をお伺いしてもよろしいでしょうか?」

先方が社名を名乗らないケース

「いつもお世話になっております。田中と申しますが、山田課長はいらっしゃいますか?」

「こちらこそ、お世話になっております。恐れ入りますが、田中様の会社名もお聞かせいただけますでしょうか?」

1-4

相手の話を聞く

「○○でございますね？」

「そうなんだ？」「へえ」など、普段、何気なく使う「相づち」。

実は、ビジネスシーンにおいて、「相づち」こそ上手に打てば、業務を円滑に進める、便利「ツール」なのです。ただし、プライベートで使う相づちをビジネスで使ってはいけません。

そこで、ビジネスにおける正しい「相づち」を覚えましょう。

相づちには、基本的な「はい」以外にも、「さようでございますか」「かしこまりました」「〜でございますね？」「他に何かございますか？」など、同意や確認、展開などを表す、いろいろな言い方があります。

こうした言葉は、社会に出るまではあまり使ったことがないでしょう。最初は言い慣れないかも知れませんが、覚えておくとビジネス全般で、大変役に立ちます。

相づちを打つタイミングに気をつける必要があります。相手との会話にリズムを持たせ、話をスムーズに進行させるのが良い相づちの打ち方です。相手の話を中断させないよう、話が切れるのを待って、上手に相づちを打ちましょう。

中でも、電話応対の場合、「はい」という基本的な相づちは、姿の見えない相手に対して「聞いています」というアピールになりますから、きちんと使ってください。

そして相手の伝えたい内容がわかったときは、「さようでございますか」、あるいは「かしこ

基本の相づちケース

「本日、15時に山田課長とお約束していたんですが、少し遅れそうなので……」

「さようでございますか。それでは、弊社山田に……」

友好関係がある人に対する相づちケース

「この案件を、至急山田課長に連絡したいんだよね」

「かしこまりました。至急、山田に連絡いたします」

主な相づちフレーズ

受付	「はい」「なるほど」「かしこまりました」 「さようでございます」
同意	「ごもっともです」 「私もそう思います」 「おっしゃる通りです」 「その通りです」 「さようでございますね」
驚き	「本当ですか？」 「それはすごいですね」 「そのようなことがあったんですか？」
確認・要約	「それは〜ということですね？」 「他に何かございますか？」
展開	「それから、どうなったんですか？」 「他に何かございますか？」
切り返し・転換	「それは、どういうことでしょうか？」 「と、おっしゃいますと？」 「ところで〜」
感謝・喜び	「ありがとうございます」 「恐縮でございます」 「恐れ入ります」 「それは何よりでございました」 「よろしかったですね」
同情	「それは本当にお気の毒でした」

まりました」と相づちを打ってから、具体的な対処を提案します。

また、話の内容が複雑な場合にも、相づちが役に立ちます。話を聞き終わってから、「ここまでのお話を確認させていただいてもよろしいですか？」と相手に断り、「〜ということでございますね？」と最後に確認すると間違いがありません。

もし、こちらが聞き取った内容に間違いがある場合には、相手が「いや、違います。△○です」と訂正を入れることもできます。そのときは「失礼いたしました」とお詫びの言葉を述べてから、もう一度、確認すればいいのです。

こうして、「相づち」を上手に使い、確認を取ることで、相手も自分の話が間違いなく伝わっていることがわかり、安心できるという効果もあります。

point

ビジネスでの相づちの言葉を覚えよう。
復唱したい用件は相づちで確認を。

1-5

電話の相手を待たせるとき
「少々お待ちください」

ビジネス電話では、「電話が鳴ったら3コール以内に出る」がルールです。コールが3回鳴っている時間は約10秒といいます。電話を受けてから担当者へ取り次ぐとき、あるいは、何か確認が必要なときなど、「少々お待ちください」と保留ボタンを押すことがあるでしょう。

さて、「少々」とは具体的に、どのくらいの時間を指すのでしょうか?

一般的にビジネス電話では30秒以内が原則です。人は30秒以上待たされると「遅いな」と感じ始めるのです。

ビジネス電話で相手を長く待たせるのは失礼とされますので、出来るだけ避けるよう配慮しなければなりません。全体の用件も3分以内に終わらせるのがいいとされます。相手がフリーダイヤルで掛けていたとしても、だらだらと話してはいけません。

ですから、保留の時間が30秒では済まないと判断したら、「しばらくお待ちください」と最初に告げたほうがいいでしょう。また、1分以上なら「数分ほどお待ちいただいてもよろしいでしょうか？」と確認しましょう。そのときも「調べておりますので」「担当者に確認しますので」など、理由を相手にきちんと伝えます。

もし途中で、予想外に時間が掛かると判断した場合、一度保留を解除し、「お調べするのに

相手を待たせるケース

「山田課長いらっしゃいますでしょうか?」

「恐れ入りますが、お調べいたしますので、少々お待ちいただけますでしょうか?」

長く相手を待たせるケース

「先ほど、お電話でお話をした方につないでいただけないでしょうか?」

「恐れ入りますが、お調べするのに少々時間が掛かってしまうので、数分ほどお待ちいただいてもよろしいでしょうか?」

折り返し電話をするケース

「先ほど、お電話でお話をした方につないでいただけないでしょうか?」

「恐れ入りますが、お時間が掛かりそうなので、こちらから折り返しお電話させていただいてもよろしいでしょうか?」

相手を待たせる時間に応じた基本フレーズ

3コール以上	「大変お待たせしました」
30秒以内	「お調べ(おつなぎ)いたしますので、少々お待ちいただけますでしょうか?」
1分以内	「お調べ(おつなぎ)いたしますので、しばらくお待ちいただけますでしょうか?」
5分以上	「お時間が掛かりそうなので、わかりしだい(名指し人が戻りしだい)、後ほどこちらからお電話させていただいてもよろしいでしょうか?」
1日以上	「お時間が掛かりそうなので、わかりしだい(名指し人が戻りしだい)、後日こちらからお電話させていただいてもよろしいでしょうか?」

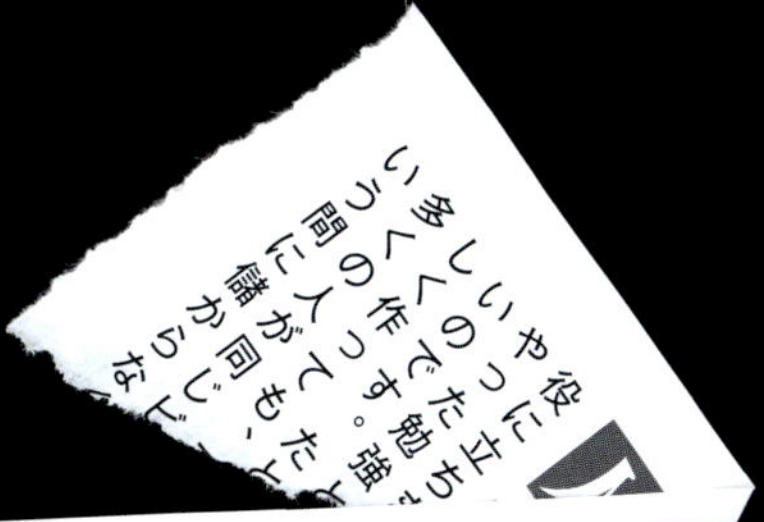

マスコミ、学
インターネット、人間関
経済、政治、病院
…など、何も信じることが
できなくなった時代だから、

自分を磨き続けよう!

あらゆる価値観が崩壊していく時代

この小さな冊子を手にとっていただき、ありがとうございます。実はいま、あなたのまわりでは、とてつもない変化が起きていることにお気づきでしょうか? **インターネットの発達による多量の情報、世界のグローバル化**といったことを要因に、「これさえあれば、一生安心だ」というものがなくなってしまったのです。一昔前であれば、**「学歴」**や**「大企業」**というものが絶対的な価値を持っていましたが、今や学歴があっても無職、大企業でも倒産する時代になっています。しかも、経済格差が広がっており、**上位20%に入らなければ「結婚できない」「子供にまともな教育を与えられない」**というのが現実です。

八百屋でさえ全世界との競争に

決しておどすわけではありませんが、現代社会はかなり厳しい時代に入っていることは確かです。**インターネットの発達により、すべてのことが瞬時に検索され、比較されます。**

次ページへ

歴、関係、

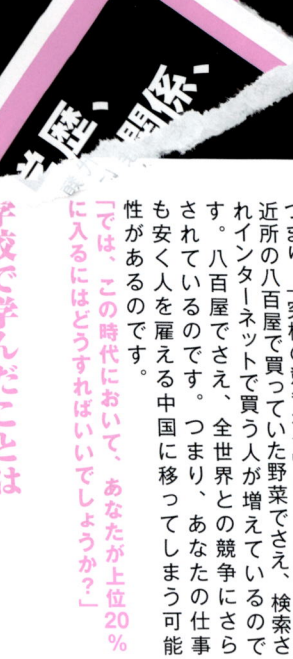

つまり、「究極の競争社会」に入ったのです。近所の八百屋で買っていた野菜でさえ、検索されインターネットで買う人が増えているのです。八百屋でさえ、全世界との競争にさらされているのです。つまり、あなたの仕事も安く人を雇える中国に移ってしまう可能性があるのです。

「では、この時代において、あなたが上位20%に入るにはどうすればいいでしょうか?」

学校で学んだことは役に立たない!

史上最速で情報が増え続ける現
において、1年前にやった勉強は
せん。つまり、あなたが学校で
いうのは、もはや役に立たな
えば、儲かるビジネスを新
その情報は瞬時に広まり、
ジネスを開始し、あっと
なってしまいます。

昔だったら数年は儲けることができたものが、いまは数ヶ月単位になっているのです。ということは、**「あなたは新たなことを学び続けるしかない」**のです。

「本物の情報」だけを仕入れてください!

人は、何を学べばいいのか? これだけ情報が氾濫する時代です。「どの情報を信じればいいか」わからないのは当然でしょう。そこで、私たちフォレスト出版は考えました。読者の皆様に、**「本物の情報」だけを提供できるように、書籍だけでなく、CD教材、DVD教材、セミナー…など、あらゆる方法で、「楽しく学べる場」を提供しています。**その分野では超一流の先生たちの情報は間違いなく「本物の情報」です。教材やセミナーで、書籍ではできない学びを体験してみてください。とくに、セミナーでは「本物の人脈」が作れるようになっています!

時間が掛かっておりますので、もう少しお待ちいただけますか？」と聞いたほうが、相手も安心して待つことができます。

5分以上掛かりそうなら、「お時間が掛かりそうなので、こちらから折り返しお電話させていただいてもよろしいでしょうか？」と、相手の都合をたずねてから対処します。

ただし、待たせるのが失礼だからといって、慌てて応対するのは禁物です。慌てると、「相手の用件を聞き間違える」「伝えなければならないことを忘れる」などのトラブルになりやすいからです。

相手を待たせるにしても、なぜ待ってもらうのかの理由、掛かる時間など、具体的な事項を伝えることで、相手も納得して待ってくれるでしょう。

point

人は30秒以上待つと「遅い」と思う。保留が長くなるときは事前に相手にたずねよう。

1-6a

名指し人が外出中のとき

「申し訳ございません。○○はただいま外出中です。戻りしだい、こちらからお電話させていただきます」

「営業部の山田さんをお願いします」と相手に名指し人の名前を言われたとき、名指し人が不在であることは珍しくありません。

そのようなとき、あなたはどう応対したらいいと思いますか？

基本の応対では「申し訳ございません。山田はただいま外出中です。戻りしだい、こちらからお電話させていただきます」と、担当者から相手に電話する旨を伝えます。

このときに、必ず名指し人の不在をお詫びする「申し訳ございません」というひと言だけではなく、「山田は外出中です」と電話に出られない理由を先に伝えます。

理由には、「会議中」「休暇中」「帰宅」など、さまざまあるでしょう。その日に出社しない予定であれば、出社する日を伝えるようにします。ただし、外出先の電話や住所など、必要以上の情報は、相手に余計な心配や憶測を誘発しますから伝えなくていいのです。

また、「こちらからお電話させていただきますが、いかがいたしましょうか？」と相手に判断を任せる方法もあります。特に、相手が下請け会社などの場合、こう聞かれたほうが相手にとって気が楽なこともありますし、たずねても失礼にはあたりません。

「いかがいたしましょうか？」と聞くだけでは、相手がどうしていいか迷う場合もありますから、「こちらからお電話させていただきますが」と先に言ったほうが親切でしょう。

名指し人から相手に電話をするケース

「恐れ入りますが、山田課長はいらっしゃいますでしょうか？」

「申し訳ございません。山田はただいま外出中です。戻りしだい、こちらからお電話させていただきます」

相手の判断に任せるケース

「恐れ入りますが、山田課長いらっしゃいますでしょうか？」

「申し訳ございません。山田はただいま外出中です。こちらからお電話させていただきますが、いかがいたしましょうか？」

伝言を残すケース

「恐れ入りますが、山田課長いらっしゃいますでしょうか？」

「申し訳ございません。山田はただいま外出中です。何かご伝言はございますか？」

名指し人に電話を取り次ぐ

1　名指し人がすぐに電話に出られる

□**すぐに取り次ぐケース**

「少々お待ちいただけますでしょうか？」

2　名指し人がすぐに電話に出られない

□**社内にいるケース**

電話が長引かない場合………「申し訳ございません。あいにく山田は他の電話に出ております。間もなく終わりそうですので、少々お待ちいただけますでしょうか？」

電話が長引きそうな場合………「申し訳ございません。あいにく山田は他の電話に出ております。終わりしだい、こちらからお電話させていただきます」

□**社外にいるケース**

外出中の場合………「山田はただいま外出しております。詳しい時間は聞いておりませんが、○時頃には戻ると思います」

「申し訳ございません。山田はただいま外出しておりまして、本日はこちらに戻って参りません。いかがいたしましょうか？」

休みの場合………「申し訳ございません。山田は本日お休みをいただいております」

帰宅した場合………「山田は本日すでに退社（退出）いたしました」

退職した場合………「山田は○年○月をもちまして、退社いたしました」

そして、折り返し電話は要らないと言われた場合でも、「何かご伝言はございますか？」と伝言の有無をたずねます。

最後に、「私、鈴木が承りました。お電話ありがとうございます」と自分の名前とお礼の言葉を言いましょう。最後に名乗ることで、「私が責任を持って名指し人に伝えます」という意思表示になり、相手に安心感を与えます。

気をつけなければならないのは、名指し人が戻ったら伝えようと思っていたのに、そのまま忘れてしまう、というケースです。電話を受けたら、名指し人には確実に伝えるようにしましょう。相手が「こちらから電話します」と言った場合も、電話があった旨は伝えなければなりません。

社名と相手の名前、何時に電話があったか、折り返し電話が必要かどうか、伝言など、聞いた情報を簡潔にまとめ、名指し人に必ず伝えましょう。

point

最初に名指し人の不在をお詫びしよう。電話があったことは必ず名指し人に伝える。

1-6b

名指し人が会議中のとき

「申し訳ございません。〇〇はただいま会議中です。戻りしだい、こちらからお電話させていただきます」

名指し人が会議などで席を外しているときに、名指し人宛ての電話を受けたら、「申し訳ございません。山田はただいま会議中です。戻りしだい、こちらからお電話させていただきます」と担当者から電話させる旨を伝えます。終了時間を伝えるときは、「〇時に戻ります」ではなく、「〇時頃、戻る予定になっております」と、時間に含みを持たせましょう。なぜなら、会議が終わってすぐに連絡できるかどうかもわかりませんし、会議が延長する可能性もあります。

もし、「電話を取り次いでいい」と言われている場合は、「ただいま、呼んで参りますので、少々お待ちいただけますでしょうか？」と断ってから、名指し人に伝えます。また、席にはいないけれど社内にいるときは、「ただいま席を外しておりますが、間もなく戻りますので、戻りしだい、こちらからお電話させていただきます」と伝えます。電話を保留にして見に行くと、その間、相手を待たせることになります。

「保留で待たせる時間は30秒」というルールを考えれば、折り返しの電話を約束したほうがいいでしょう。

郵便はがき

料金受取人払郵便

牛込支店承認

6371

差出有効期限
平成24年5月
31日まで

162-8790

東京都新宿区揚場町2-18
白宝ビル5F

フォレスト出版株式会社
愛読者カード係

フリガナ お名前	年齢　　　歳 性別（ 男・女 ）
ご住所　〒 ☎　　（　　　）　　　FAX　　（　　　）	
ご職業	役職
ご勤務先または学校名	
Eメールアドレス メールによる新刊案内をお送り致します。ご希望されない場合は空欄のままで結構です。	

フォレスト出版の情報はhttp://www.forestpub.co.jpまで!

フォレスト出版　愛読者カード

ご購読ありがとうございます。今後の出版物の資料とさせていただきますので、下記の設問にお答えください。ご協力をお願い申し上げます。

●ご購入図書名　「　　　　　　　　　　　　　　　　　　」

●お買い上げ書店名「　　　　　　　　　　　　　　　　」書店

●お買い求めの動機は？

1．著者が好きだから　　　　2．タイトルが気に入って

3．装丁がよかったから　　　4．人にすすめられて

5．新聞・雑誌の広告で（掲載紙誌名　　　　　　　　　　）

6．その他（　　　　　　　　　　　　　　　　　　　　　）

●ご購読されている新聞・雑誌は？

（　　　　　　　　　　　　　　　　　　　　　　　　　　）

●お読みになりたい著者、テーマ等を具体的にお聞かせください。

（　　　　　　　　　　　　　　　　　　　　　　　　　　）

●本書についてのご意見・ご感想をお聞かせください。

●ご意見・ご感想を当社ホームページに掲載させていただいてもよろしいでしょうか？

□YES　　□NO　　□匿名であればYES

point

会議の終了時間は余裕を持って伝えよう。待たせるより折り返し電話を約束したほうがいい。

会議中、電話を取り次げない基本ケース

「恐れ入りますが、山田課長いらっしゃいますでしょうか?」

「申し訳ございません。山田はただいま会議中です。いかがいたしましょう?」

会議中、電話を取り次げない応用ケース

「恐れ入りますが、山田課長いらっしゃいますでしょうか?」

「申し訳ございません。山田はただいま会議中です。○時頃、戻る予定になっておりますが、いかがいたしましょう?」

会議中、電話を取り次ぐケース

「恐れ入りますが、山田課長いらっしゃいますでしょうか?」

「申し訳ございません。山田はただいま会議中です。ただいま呼んで参りますので、少々お待ちいただけますでしょうか?」

1-6c

名指し人が外出先から戻る時間がわからないとき

「申し訳ございません。ただいま、○○は外出しておりまして、帰社時間がわからない状況です」

名指し人が外出中で戻り時間がわからない、というときは、「申し訳ございません。ただいま、山田は外出しておりまして、帰社時間がわからない状況です」と言うのもひとつの方法です。ただし、あなたが知らなくても、名指し人の周囲の人が知っている場合もありますから、まずは周辺に確認を取りましょう。

「申し訳ございませんが確認しますので、しばらくお待ちいただけますか？」と、最初に断ってから周囲の人に聞いてみます。

そこで、「16時には戻ると言っていた」などの情報が得られたら、相手には「16時以降には戻る予定になっております」と時間の幅を持たせて伝えましょう。この場合、名指し人が帰社したときに、相手へ何時に戻ると伝えたかなど、具体的に報告しておきます。

一方、相手から「至急に連絡を取りたいのですが」と言われたら、「かしこまりました。山田に至急連絡を取りますので、折り返しこちらからご連絡させていただいてもよろしいでしょうか？」と了解を取ってから、名指し人の携帯に連絡し、電話してもらうように伝えます。

point

帰社時間がわからないときは周辺の人に聞こう。
帰社時間は時間の幅を持たせて伝える。

外出先からの戻り時間がわからず取り次げないケース

「恐れ入りますが、山田課長いらっしゃいますでしょうか？」

「申し訳ございません。ただいま、山田は外出しておりまして、帰社時間がわからない状況です」

名指し人に連絡するケース

「恐れ入りますが、山田課長いらっしゃいますでしょうか？」

「申し訳ございません。ただいま、山田は外出しております」

「すみません。至急に連絡を取りたいのですが……」

「かしこまりました。山田に至急連絡を取りますので、折り返しこちらからご連絡させていただいてもよろしいでしょうか？」

1-6d

名指し人が外出先から予定時刻を過ぎても帰ってこないとき

「大変申し訳ございません。〇〇は〇時頃に帰社予定でしたが、遅れております。戻りしだい、こちらからお電話させていただきます」

名指し人が不在のとき、「こちらからお電話させていただきます」と相手に伝えたのに、名指し人が帰社予定時刻を過ぎても帰ってこず、同じ相手からまた電話が掛かってきてしまった、このような場合はまず、お詫びを伝えることが大切です。「申し訳ございません」でもいいのですが、何度も電話を受けているのなら、「何度もお電話をいただいているのに、大変申し訳ございません」と、具体的にお詫びを伝えましょう。具体的にお詫びを言うことで、相手に「折り返し連絡がくる」ということがわかり、納得してもらいやすくなります。続いて、「山田は〇時頃に帰社予定でしたが、遅れております。戻りしだい、こちらからお電話させていただきます」とも伝えましょう。

一方、相手に「至急、連絡を取りたい」と言われたら、「山田に連絡を取りますので、折り返しこちらからご連絡させていただいてもよろしいでしょうか?」と了解を得ます。ただし、この場合、相手は急を要しています。もし、携帯が通じない場合や、名指し人がすぐに相手と連絡できない場合は、あなたが相手に電話して経過を報告しましょう。

point

相手を待たせていることに対してまず詫びる。
名指し人に連絡がつかないときは経過報告する。

外出先からの戻り時刻が過ぎても帰社せず取り次げないケース

「恐れ入りますが、山田課長いらっしゃいますでしょうか?」

「申し訳ございません。山田は○時頃に帰社予定でしたが、遅れております。戻りしだい、こちらからお電話させていただきます」

相手が何度も電話してきたケース

「恐れ入りますが、山田課長はお戻りでしょうか?」

「何度もお電話をいただいているのに、大変申し訳ございません。山田は○時頃帰社予定でしたが、遅れております」

「すみません。至急に連絡を取りたいのですが……」

「かしこまりました。山田に連絡を取りますので、折り返しこちらからご連絡させていただいてもよろしいでしょうか?」

1-7

折り返し電話を頼まれたとき

「恐れ入りますが、念のため、お電話番号をお伺いしてもよろしいでしょうか？」

相手に、「名指し人が戻ったら電話してほしい」と折り返し電話を頼まれたとき、大切なのは「連絡先を名指し人はわかっているだろう」と思わず、必ず相手の連絡先を聞くことです。もしも、相手が社名と名前だけを告げて、電話番号を言わない場合は、こちらから「恐れ入りますが、念のため、お電話番号をお伺いしてもよろしいでしょうか？」と聞きます。また、中には、名前は言っても社名を言わない人もいます。これも間違いのもとになりますから、「恐れ入りますが、会社名もお聞かせいただけますでしょうか？」と聞きましょう。

そして、聞き取ったら必ず「確認のため、復唱させていただきます。○○-○○○○-○○○○、飯田橋社の田中様でいらっしゃいますね」と復唱し、間違いがないかを確かめます。このとき、相手の都合を聞き、名指し人に伝えるのもいいでしょう。「恐れ入りますが、何時くらいまで御社にいらっしゃいますか？」と伺えば、相手は「20時までは社におります」など と、自分の都合を説明してくれます。最後、「かしこまりました。私、鈴木が承りました。山田が戻りましたら、田中様にお電話を差し上げるよう申し伝えます」と相手に約束します。

point

「社名」「名前」「電話番号」は伺っても、失礼にあたらない。
聞いた情報は復唱して必ず確認しよう。

折り返し電話を頼まれたケース

「恐れ入りますが、山田課長いらっしゃいますでしょうか?」

「申し訳ございません。あいにく山田は外出しておりますが、いかがいたしましょうか?」

「それでは、お戻りになられましたら、お電話をいただけますか?」

「かしこまりました。恐れ入りますが、念のため、お電話番号をお伺いしてもよろしいでしょうか?」

「○○ - ○○○○ - ○○○○です」

「確認のため、復唱させていただきます。○○ - ○○○○ - ○○○○、飯田橋社の田中様でいらっしゃいますね」

「はい、それではお電話お待ちしております」

「かしこまりました。私、鈴木が承りました。山田が戻りましたら、田中様にお電話を差し上げるよう申し伝えます」

1-8

伝言を受けたとき
「かしこまりました。伝言を承ります」

ビジネス電話において、伝言メモは大切なツールのひとつです。会社が専用フォーマットを用意していない場合は、自分で使いやすいものを作っておきましょう。

伝言メモには、日時、相手の名前、社名、連絡先、用件の他、相手は折り返し電話がほしいのか、相手からまた電話すると言ったのか、何も希望しなかったのかなど、その後の連絡について記します。

これはチェック形式にしておくと便利です。

また、急ぎの用件なのか、そうでないのかも必ず書き添えます。

急ぎの場合は、名指し人も素早く応対する必要があるので、特に注意して伝言メモを扱わなければなりません。

伝言を受けるときは、いくつかのケースがあります。

最初から「伝言をお願いできますか？」と頼まれるケースもありますし、「戻りしだい、こちらからお電話させていただきますが、いかがいたしましょうか？」と聞いてから、「では伝言を……」と依頼されるケースもあります。

どちらにせよ、「かしこまりました。伝言を承ります」と最初に言ってから、用件を伺います。

そのときには、右手にはペン（利き手が右の人）、目の前には伝言メモを忘れずに用意しましょう。

伝言を頼まれたケース

「恐れ入りますが、山田課長はいらっしゃいますでしょうか？」

「申し訳ございません。あいにく山田は外出しておりますが、いかがいたしましょうか？」

「それでは、伝言をお願いできますか？」

「かしこまりました。伝言を承ります」

point

伝言メモ用のフォーマットを用意しよう。
急ぎの用件か否かも必ず名指し人に伝えよう。

1-9

承った伝言はしっかり復唱する

「それでは、復唱させていただきます」

伝言を聞いたら、復唱することが必要です。なぜなら、伝言を受けるのに一番大切なのは、相手の言葉を正しく名指し人へ伝えることだからです。

電話に慣れていないと、早く電話を切ろうと焦る気持ちになりますが、復唱して内容が正しいことを確認すれば自分も安心でき、落ち着いて応対できるようになります。

特に間違えやすいのは、電話番号や日時などの数字です。たとえば、「3」と言われて自分でも「3」と認識しているつもりなのに、メモには「2」と書いてしまうようなことが数字では時々あります。間違ったまま伝えるとトラブルになる可能性がありますから、復唱は習慣づけてください。もし、書き取った内容が間違っていたら、お詫びをして、もう一度言ってもらい、内容を復唱します。「この内容でよろしいですか？」と相手に確認するか、短い内容なら「○○とのことですね？」と相手に聞く形で復唱してもいいでしょう。復唱した内容が正しければ、「かしこまりました。私、鈴木が承りました。山田が戻りましたら、田中様からのご伝言を申し伝えます」と、必ず自分の名前を含めて言いましょう。

point

電話番号などの数字は間違えやすい。
伝言は復唱する習慣をつけよう。

伝言を復唱する

「明日、山田課長と弊社ロビーで13時にお約束していたのですが、お時間を14時に変更していただけないか、とお伝えいただけますか？」

「それでは、確認のため、復唱させていただきます」

「はい、よろしくお願いいたします」

「明日、弊社山田との御社ロビーでのお約束時間を、13時から14時に変更するとのことですね？」

「はい」

「かしこまりました。私、鈴木が承りました。山田が戻りましたら、田中様からのご伝言を申し伝えます」

1-10

電話の切り方

「こちらこそ、よろしくお願いいたします。失礼いたします」

ビジネス電話の場合、切るときのタイミングは意外に難しいものです。乱暴に受話器を置いたり、用件が終わってさっさと電話を切ったりするのは、相手への印象を悪くします。特に、最後は印象に残りやすいものですから、気をつけるに越したことはありません。

まず、用件がすべて終わったら、「こちらこそ、よろしくお願いいたします」「本日はお電話ありがとうございました」と、電話を切る前に挨拶します。

このとき、「それではまた、ご連絡いたします」、あるいは「後ほど、山田よりお電話を差し上げますので、どうぞよろしくお願いします」など、それまでの会話に合わせた挨拶も好感が持てるでしょう。最後に「それでは失礼いたします」と言い、相手が電話を切るのを待ってから、電話を切ります。相手の後に電話を切るようにすると、相手が何か言い忘れたことを思い出したとしても、応対することができます。

そして、受話器を置くときも、静かに丁寧に、気を抜かずに行いましょう。次の電話が鳴っているなど、気が急くことがあっても、慌てた行動は禁物です。

電話を切る

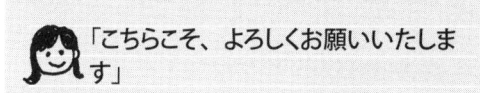

「かしこまりました。私、鈴木が承りました」

「それでは、よろしくお願いいたします」

「こちらこそ、よろしくお願いいたします」

「それでは、失礼いたします」

「こちらこそ、失礼いたします」

point

電話を切るのは相手が切るまで待とう。
気が急いても、最後まで気を抜かないように。

COLUMN 2

取り次ぎするときの基本英語 Part1

ビジネスシーンでは、英語の取り次ぎにも、一定のパターンがある。基本の受け答えをしっかり覚えていれば、英語の電話もスムーズに取り次ぐことができる。

電話を掛ける側の基本英語

こんにちは。飯田橋社様ですか？
私は千川社の田中と申します。
Hello, is this Iidabashi-company?
This is Tanaka from Senkawa-company.

営業の鈴木さんとお話がしたいのですが。
Can I talk to Mr.Suzuki in the sales department?

いつ、彼は戻られますか？
When will he be back?

こちらからまた、掛け直します。
I will call you back again.

田中から電話があったことをお伝えください。
Please tell him that Tanaka called.

電話をいただけるよう、お伝えいただけますか？
Would you ask him to call me back?

伝言をお願いできますか？
May I leave a message?

覚えておくと便利なビジネス英単語

内線—extension
営業部—sales department
総務部—general affairs department
経理部—accounting department
広報部—public relation department
広告部—advertising department
企画部—planning department
人事部—personnel department
物流部—logistics department
検査部—inspection department

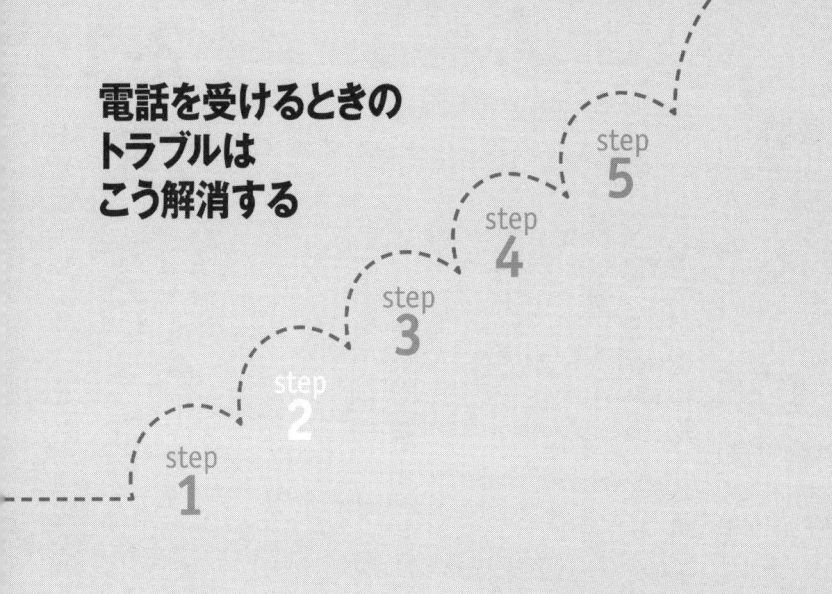

電話を受けるときの
トラブルは
こう解消する

step 1

step 2

step 3

step 4

step 5

2-1

社内に一人しかいなくて電話に出られないとき

「ただいま、取り込んでおりまして、折り返しこちらから、ご連絡を差し上げてもよろしいでしょうか？」

ビジネス電話では、「電話は3コール以内に出る」というルールがあります。とはいえ、現実には無理な状況もあるでしょう。たとえば社内にあなた一人しかいないとき、電話を受けている最中に、他の電話が掛かってきた場合などです。受けている電話がすぐに終わればいいのですが、そうでない場合は受けている電話を一度保留にし、掛かってきた電話を受けなければなりません。

そのときには焦らず、相手に「お話の途中、大変申し訳ないのですが、ただいま他の電話が入っておりまして、恐れ入りますが、少々お待ちいただけますでしょうか？」と告げ、相手が了承してから保留にします。そして新しい電話を受けたら、「大変、お待たせしました」とお詫びをしてから、「ただいま、取り込んでおりまして、折り返しこちらから、ご連絡を差し上げてもよろしいでしょうか？」とたずねましょう。

相手が承諾したら、素早く相手の名前や電話番号を聞き、復唱と確認をしてから、元の電話に戻ります。

電話中に他の電話が鳴ってしまうケース

「お世話になっております。飯田橋社の田中と申します」

「お話の途中、大変申し訳ございません。ただいま他の電話が入っておりまして、恐れ入りますが、少々お待ちいただけますでしょうか？」

電話中に取った電話に応対するケース

「お世話になっております。飯田橋社の田中と申します」

「大変申し訳ございません。ただいま、取り込んでおりまして、折り返しこちらから、ご連絡を差し上げてもよろしいでしょうか？」

このようなとき、早く対処しようとして慌ててしまいがちですが、折り返し電話をするためには相手の名前と電話番号が必要です。必ず復唱して、間違えないように気をつけましょう。

point

複数の電話には保留を活用。名前と電話番号を聞くのを忘れずに。

2-2

相手の名前が聞き取れなかったとき

「恐れ入ります。お名前をもう一度お伺いできますでしょうか?」

会社に掛かってくる電話の相手の苗字はさまざまです。中には聞き慣れない名前もありますし、相手の携帯電話の通信状態が悪く、名前が聞き取れない、ということもあります。

そんなときは、「恐れ入ります」、または「申し訳ございません」といったクッション言葉を使い、「お名前をもう一度お伺いできますでしょうか?」とたずねましょう。

とはいえ、もう一度名前を伺ったのに、また聞き取れなかった、という場合はどうしたらいいでしょうか。

自分の名前を何度も聞き直されると、人はいい気持ちはしないものです。必ず「何度も申し訳ございませんが……」とお詫びしてから伺いましょう。

また、通信状態が悪くて聞き取れないようなら、「電波の状況が悪いようで……」などの理由を伝えたほうがいいでしょう。

一方、普段から頻繁に連絡をしている取引先や顧客の場合、あまり何度も聞くと、「いつも電話しているのに覚えていないのか?」と相手が不愉快になる可能性もあります。

基本ケース

「お電話ありがとうございます。千川社でございます」

「お世話になっております。……の……と申します」

「恐れ入ります。お名前をもう一度お伺いできますでしょうか？」

相手の携帯電話の電波状況が悪くて聞き取れないケース

「お電話ありがとうございます。千川社でございます」

「お世話になっております。……の……と申します」

「何度も申し訳ございません。電話が遠いようなので、もう一度お願いできますでしょうか？」

普段から、取り次ぐだけであっても、よく連絡してくる相手の声は覚えておいたほうが賢明です。

point

聞き取れないときは謝ってもう一度聞く。いつも連絡が来る相手の声と名前は覚えよう。

2-3

名指し人に取り次ぐ相手の名前を忘れてしまったとき

「申し訳ございませんが、もう一度お名前を伺ってもよろしいでしょうか？」

名指し人に掛かってきた電話で、いざ取り次ぐときになり、さっき聞いたばかりなのに「相手の名前を忘れてしまった！」ということを防ぐためにも、メモはしっかり取っておきましょう。そうすれば、このようなミスは避けられます。

とはいえ、仕事が慌ただしいと、うっかりメモをするのも忘れ、普段なら覚えているはずの相手の名前すら忘れてしまうということがあります。そんなときは素直に「申し訳ございませんが、もう一度お名前を確認させていただけますでしょうか？」とたずねましょう。

また、覚えているつもりで保留ボタンを押し、いざ名指し人に取り次ぐとき、名前を忘れていることに気づくこともあります。これでは取り次ぐことができません。

そこで、もう一度、相手の名前を確認する必要があります。すでに相手を待たせていますから、「お待たせして申し訳ございません。恐れ入りますが念のため、お名前をもう一度伺ってもよろしいでしょうか？」とたずねましょう。再度、名前を確認したら、すぐに名指し人が出られるよう、迅速に取り次ぎます。

相手の名前を忘れてしまったケース

「お電話ありがとうございます。千川社でございます」

「お世話になっております。飯田橋社の田中と申します。山田課長はいらっしゃいますか?」

「恐れ入りますが念のため、お名前をもう一度伺ってもよろしいでしょうか?」

保留中、相手の名前を忘れてしまったケース

「お電話ありがとうございます。千川社でございます」

「お世話になっております。飯田橋社の田中と申します。山田課長はいらっしゃいますか?」

「少々お待ちいただけますでしょうか?」

…保留…

「お待たせして申し訳ございません。恐れ入りますが念のため、お名前をもう一度伺ってもよろしいでしょうか?」

point

忙しいときもメモを忘れないようにしよう。
名前を確認してから名指し人に取り次ぐこと。

2-4

周囲がうるさくて、相手の声が聞き取れなかったとき

「お話の途中、申し訳ございませんが、少々お待ちいただけますでしょうか？」

あなたが電話を受けているのに、周囲の音がうるさくて声が聞き取れない……、そんなときには、相手に何度も同じことをたずねるよりも前に、いくつかできることがあります。

まずは手を上げるなど、声を出さずにジェスチャーで周辺の人に静かにしてほしい意思を伝えます。それで気がつかなかったら、「お話の途中、申し訳ございませんが、少々お待ちいただけますでしょうか？」と了解を得てから一旦、保留にします。そして口頭で周囲の人たちに静かにしてほしいと伝え、静かになったのを確認してから、電話に戻ります。

また、重要な話し合いをしている、あるいは工事などで音を止めることができないときは、少し時間は掛かりますが、部屋を移動して電話を受けるという方法もあります。

「お話の途中で大変恐れ入りますが、少々お待ちいただいてもよろしいでしょうか？」と言ってから、別室に移動して相手の電話を受けます。このとき「ただいま、工事が入っておりまして」などと理由を伝えてもいいですし、保留を解除してから「大変お待たせして申し訳ございません。取り込んでおりましたので、別室へ移動いたしました」と言うのもいいでしょう。

別の部屋で電話を取るケース

「お電話ありがとうございます。千川社でございます」

「お世話になっております。飯田橋社の……と申します。……課長はいらっしゃいますか？」

「お話の途中、申し訳ございませんが、少々お待ちいただけますでしょうか？」

…保留…

「大変お待たせして申し訳ございません。取り込んでおりましたので、別室へ移動いたしました」

point

まずはジェスチャーで周囲に伝えてみる。
別室で電話を受けるときは素早く行動を。

2-5

相手の名前が聞き取りにくいとき

「恐れ入ります。お電話が少々遠いようですが……」

携帯電話の電波状態が悪い、相手の声が小さくて早口などの理由から、相手の名前を聞き取れない、ということがあります。そんなときはまず、相手に聞き取りにくいことを伝えたほうが、その後のやりとりがしやすくなります。相手にはこちらの音声は確認できませんから、声が小さくて聞き取れないときには、「恐れ入ります。お電話が少々遠いようですが……」と伝えれば、相手はより大きな声で話すようになってくれるでしょう。

一方、通信状態が悪く、音が小さい、あるいは音声が途切れるようなら、「恐れ入ります。少々電波の状態が悪いようです」と伝えましょう。雑音などが一方だけに入ることもありますから、伝えないと相手にはわからないこともあります。

こちらの状態を伝えることは失礼ではないので、「恐れ入りますが、もう一度、お名前をお伺いできますでしょうか？」とたずねます。もし、それでも聞こえないようなら、「何度も申し訳ございません。まだ、お声が遠いようで……」など、必ずお詫びと理由を述べて、相手にもう一度伺いましょう。

point

電話が遠いときは最初に伝えよう。何度も聞くときはお詫びを言ってから。

相手の声が聞こえないケース

「お電話ありがとうございます。千川社でございます」

「お世話になっております。飯田橋社の……と申します。……課長はいらっしゃいますか?」

「恐れ入ります。お電話が少々遠いようですが……」

携帯電話を使っているケース

「お電話ありがとうございます。千川社でございます」

「お世話になっております。飯田橋社の……と申します。……課長はいらっしゃいますか?」

「恐れ入ります。少々電波状態が悪いようですが……」

話の内容が不明瞭なケース

「お電話ありがとうございます。千川社でございます」

「お世話になっております。飯田橋社の……と申します。……の……について、お伺いしたいのですが……」

「恐れ入ります。お話の途中申し訳ございません。その件に関しては、他に詳しい者がおりますので、少々お待ちいただけますでしょうか?」

2-6

相手が名指し人と至急連絡を取りたいと言ってきたとき

「至急本人から連絡させますので、ご連絡先を伺えますでしょうか？」

相手が急いでいる用件は、掛かってきた電話の口調から察しやすいです。とはいえ、すぐに名指し人へ取り次げれば問題ありませんが、外出中や会議中などで、なかなか取り次げないこともあります。「至急、連絡を取りたいのですが」と言われたら、迅速に応対しなければなりません。

名指し人が外出中の場合、携帯などにあなたから連絡を入れ、相手に連絡するよう手配します。その場合、相手の連絡先が必要ですから、「至急本人から連絡させますので、ご連絡先を伺えますでしょうか？」と名前だけではなく、電話番号などの連絡先を聞くようにします。名指し人がわかっている場合もありますが、念のため、必ず伺いましょう。

社内にはいるけれど、会議中や打ち合わせ中で出られない、というときには、その旨を相手に伝えます。また、相手が「至急、連絡を取りたい」と言った場合は、「すぐに本人につなぎますので、少々お待ちいただけますか？」と相手の了解を得てから、名指し人に事情を説明して取り次ぎます。「至急」と言われた場合は、臨機応変に応対しましょう。

point

相手の連絡先は忘れずに聞こう。至急と言われたら迅速に応対しよう。

名指し人が外出しているケース

「お世話になっております。飯田橋社の田中と申します。山田課長はいらっしゃいますか?」

「申し訳ございません。あいにく山田は外出しておりますが、いかがいたしましょうか?」

「すみません。至急ご本人と連絡が取りたいのですが……」

「かしこまりました。本人から至急連絡を入れさせるようにいたしますので、ご連絡先をお伺いすることができますでしょうか?」

名指し人が社内で会議に出ているケース

「お世話になっております。飯田橋社の田中と申します。山田課長はいらっしゃいますか?」

「申し訳ございません。あいにく山田は会議中でございますが、いかがいたしましょうか?」

「すみません。至急ご本人と連絡が取りたいのですが……」

「かしこまりました。すぐに、本人とおつなぎいたします。少々お待ちいただけますでしょうか?」

2-7

間違い電話が掛かってきたとき

「恐れ入りますが、お電話番号は何番にお掛けですか？」

　間違い電話を受けたとき、つい気がゆるんで会話が雑になり、相手を責める口調になることはありませんか？　あなたの応対の良しあしが会社のイメージにつながるのです。間違い電話にも丁寧に応対するように心掛けましょう。

　たとえ、相手が正しく掛けたつもりでも、「弊社は千川社と申します。恐れ入りますが、電話番号は何番にお掛けでしょうか？」と確認しましょう。「こちらの電話番号は○○-○×○×-○××○ですが、お電話番号にお間違いありませんか？」と電話番号を先に伝えてもいいでしょう。また、いない社員の名前で取り次ぎを頼まれることもあります。このようなときは、「申し訳ございません。あいにく弊社には佐藤という者はおりません。恐れ入りますが、電話番号は何番にお掛けでしょうか？」と確認しましょう。

　この場合は、掛け間違いであるか、名前を間違えていただけ、という2つの可能性があります。名前を間違えている場合は話を伺い、部署や用件から該当者を割り出します。該当者が思い当たらないときは、内容に合うと思う部署に事情を説明して応対してもらいましょう。

point

間違い電話にも丁寧な応対を。
名前の間違いは内容から該当者を探す。

基本的な間違い電話のケース

「お電話ありがとうございます。千川社でございます」

「あれ、佐藤さんのお宅じゃないの?」

「申し訳ございません。弊社は千川社でございます。恐れ入りますが、電話番号は何番にお掛けでしょうか?」

社内にいない社員に対して電話を掛けてきたケース

「お世話になっております。飯田橋社の田中と申します。佐藤課長はいらっしゃいますか?」

「申し訳ございません。あいにく弊社には佐藤という者はおりません。恐れ入りますが、電話番号は何番にお掛けでしょうか?」

2-8

転送電話の操作を間違えたとき

「誠に申し訳ございません。間違えて内線電話を取ってしまいました」

自分宛ての電話だと思い、保留ボタンを解除して受けたら、違う人宛ての電話だった……。

こんなときは、慌てる気持ちを抑え、落ち着いて応対すれば切り抜けられます。

まず、受けた電話に「誠に申し訳ございません。間違えて内線電話を取ってしまいました。恐れ入りますが、どちらにおつなぎすればよろしいでしょうか?」と担当者を確認し、「ただいまおつなぎいたしますので、少々お待ちください」と言って、名指し人に取り次ぎます。

このとき、電話の相手はまだ待っています。長い時間待たせると、相手は不信に思い、電話を切ってしまうというトラブルも起こりえます。

そうならないためには、最初の相手にお詫びしてから一旦、保留にします。そして本来取るべきだった名指し人の電話を受け、「申し訳ございません。もう少々お待ちください」と告げてから、あらためて最初の電話の応対にあたる、という方法もあります。

しかし、この方法では二人の人を待たせます。もし、自分宛ての電話が誰からかわかっているのなら、折り返す意思を迅速に伝え、最初の電話に集中したほうがいいでしょう。

point

間違えて電話を受けたら慌てず冷静に。お待たせしている相手には了解を得てから対処。

間違えて内線電話を取ったケース

「佐藤さん、内線1番に飯田橋社の田中さんから電話が入っています」

「お待たせいたしました。鈴木でございます」

「あれ、佐藤さんではないんですか？」

「大変申し訳ございません。間違えて、内線電話を取ってしまいました。どちらにおつなぎすればよろしいでしょうか？」

間違えて転送電話を取って相手の名前を確認するケース

「佐藤さん、内線1番に飯田橋社の田中さんから電話が入っています」

「お待たせいたしました。鈴木でございます」

「さっそくですが、先日の打ち合わせの件について……」

「恐れ入りますが、飯田橋社の田中様ではございませんか？」

「違います。市ヶ谷社の江戸川橋と申します」

「誠に申し訳ございません。間違えて電話を取ってしまいました。どちらにおつなぎすればよろしいでしょうか？」

2-9

電話のたらい回しは顧客を逃す

「大変申し訳ございません。こちらから、ご連絡を差し上げてもよろしいでしょうか？」

問い合わせなどで電話したら、担当者につながるまでに、いろんな部署へたらい回しにされた……。こうした行為は、会社のイメージを下げることになります。特に、商品を購入した場合など、「この会社の商品は買わないようにしよう」と顧客離れの原因にもなります。

「電話のたらい回し」はどうすれば避けられるのでしょうか？　相手に名指し人がいれば通常通り、取り次げますが、「商品について聞きたい」といったことには、こちらが相応の部署と担当者の見当をつけなければなりません。担当者に取り次ぐためには、まず相手の用件をよく聞くことです。商品の操作方法が知りたいのか、故障があったのかなどによって担当者は変わるでしょう。確実に担当者へつながるよう、最初に用件を具体的に聞いておきます。

その後、該当する担当者に取り次ぐときは、用件の内容も一緒に伝えます。何も言わずに取り次ぐと、相手はもう一度、同じ話をしなければなりません。また、担当者が不在のときは、折り返し電話させる旨を伝え、連絡先を聞いておきます。このときも用件の内容が担当者に伝わるよう、メモや伝言でしっかり対処しましょう。

point

用件の詳細を聞いてから対処する。
担当者がいないときは折り返し電話を約束する。

担当者がいるケース

「お電話ありがとうございます。千川社でございます」

「すみません。先日、お宅の商品を買った者ですが、商品に傷がついていたんですけれど……」

「大変申し訳ございません。ただいま、担当者におつなぎしますので、少々お待ちいただけますでしょうか?」

担当者がいないケース

「お電話ありがとうございます。千川社でございます」

「すみません。先日、お宅の商品を買った者ですが、商品に傷がついていたんですけれど……」

「大変申し訳ございません。ただいま、担当者が不在でございますので、こちらから折り返しご連絡を差し上げてもよろしいでしょうか?」

2-10 自分では対処できない用件のとき
「恐れ入ります。私ではわかりかねますので、詳しい者に代わります」

電話を受け、用件を聞きながら、自分では対処できない事柄なので専門の担当者に回したほうがいい、と判断したときは、素早く応対する必要があります。

話を遮るのは悪いと思い聞き続けると、専門的な話の場合、担当者に代わったとき、相手はまた同じことを二度言わなければならない可能性が出てくるからです。

電話を掛けた相手が不愉快に思う理由のひとつに、「同じ話を何度もさせられる」ことがあります。ビジネス電話では、相手に同じことを二度言わせないように、配慮しなければなりません。

相手が話している最中であっても、「お電話の途中で申し訳ございません。その件は私ではわかりかねますので、詳しい者に代わります」と失礼にならないよう、その旨を伝えましょう。

このとき、相手の用件を聞き間違えていないか確認するためにも、「請求書の件でございますね?」「テレビの修理の件でございますね?」など、概要を復唱したほうが確実です。

名指し人がいない場合は、話の内容から該当する部署に概要を説明してから、担当者に応対してもらいます。また、相応の担当者が不在のときは、折り返し電話を約束し、相手の連絡先を聞いて対処すればいいでしょう。

また名指し人への取り次ぎを頼まれ、不在と伝えたとき、相手がさらに「すみません。おわ

担当者が一人しかいないケース

「お電話ありがとうございます。千川社でございます」

「お世話になっております。飯田橋社の田中と申します。山田課長はいらっしゃいますか?」

「大変申し訳ございません。ただいま、山田は席を外しております。戻りしだい、こちらからお電話させていただきますが、いかがいたしましょうか?」

「すみません。おわかりになればいいのですが、山田さんから送っていただいた請求書の内容について……」

「大変申し訳ございません。恐れ入りますが、その件につきましては山田が担当なので、私ではわかりかねます。折り返し、山田から連絡させていただきます」

かりになればいいのですが、山田さんから送っていただいた請求書の内容について……」と聞いてくる場合があります。

このときも、自分ではわからない場合は曖昧に答えず、「大変申し訳ございません。その件は山田が担当なので私ではわかりかねます。折り返し、山田から連絡させていただきます」と伝えましょう。

そしてこの場合、相手は急いでいることが多いので、名指し人に伝言するときには、「急いでいらしたので、早急に応対してください」など、ひと言添えたほうがいいでしょう。

また、同じように先方が急いでいる様子の場合、名指し人が不在であっても、担当部署にわかる人間がいる場合は、そこで応対してもらう、という方法もあります。

この場合は、「大変申し訳ございません。私ではわかりかねますので、担当部署におつなぎいたします。少々お待ちいただけますか？」と言ってから、担当部署に用件を伝え、取り次ぎます。

point

対処できないとわかったら素直に告げる。名指し人が不在なら事情がわかる人を探す。

担当者が複数いるケース

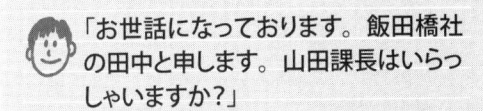

「お電話ありがとうございます。千川社でございます」

「お世話になっております。飯田橋社の田中と申します。山田課長はいらっしゃいますか?」

「大変申し訳ございません。ただいま、山田は席を外しております。戻りしだい、こちらからお電話させていただきますが、いかがいたしましょうか?」

「すみません。おわかりになればいいのですが、山田課長から送っていただいた請求書の内容について……」

「大変申し訳ございません。私ではわかりかねますので、担当部署におつなぎします。少々お待ちいただけますでしょうか?」

COLUMN 3

取り次ぎするときの基本英語 Part2

ビジネスシーンでは、英語の取り次ぎにも、一定のパターンがある。基本の受け答えをしっかり覚えていれば、英語の電話もスムーズに取り次ぐことができる。

電話を受ける側の基本英語

こんにちは、飯田橋社の山田と申します。
Hello, this is Yamada from Iidabashi company.

少々お待ちください、田中におつなぎします。
Hold on a second, please, I'll connect you to Mr.Tanaka.

田中は外出しております。5時に帰社する予定です。
Mr.Tanaka is out of the office. He will be back by five o'clock.

田中はただいま席を外しております。
Mr.Tanaka is not here right now.

田中は会議中です。
Mr.Tanaka is in meeting.

彼にこちらから電話させるよう伝えましょうか？
Shall I tell him to call you after he is finished?

伝言はございますか？
Would you like to leave a message?

覚えておくと便利なビジネス英単語

社長—president
副社長—executive vice president / senior vice president
専務取締役—senior managing director
常務取締役—managing director
本部長—general manager
部長—department manager
次長—deputy manager
課長—section manager
係長—subsection chief
主任—assistant manager
支店長—branch manager

電話の掛け方・話し方の基本

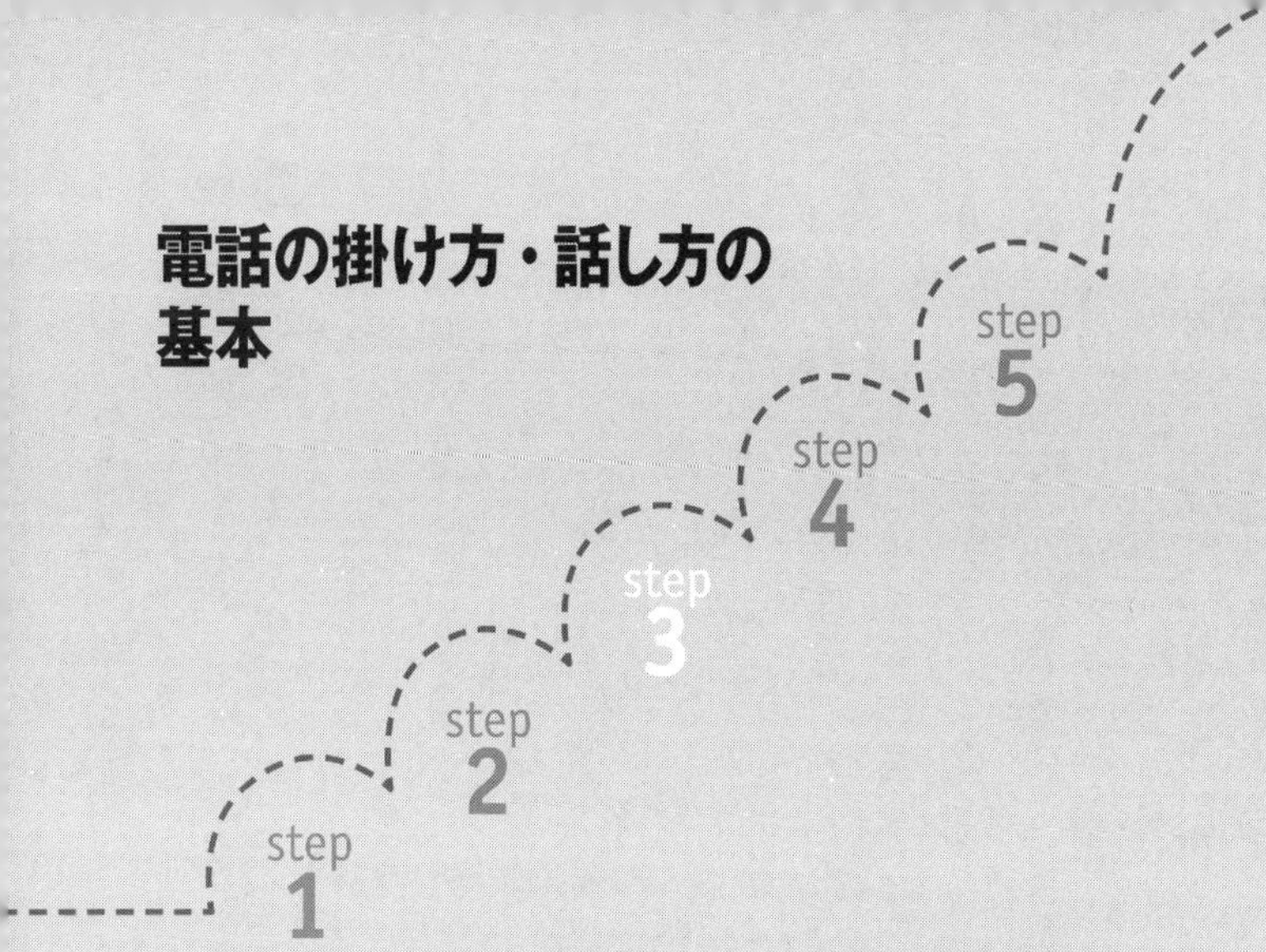

3-1

電話を掛ける前の手順

「いつも、お世話になっております」

電話を受けるときと違い、自分が電話を掛けるときは事前に準備ができます。しっかり準備してから掛ければ、途中で慌てることもなくなります。

まず、確認するのは先方の社名、担当者の名前と部署名です。電話が代表電話につながる会社では、違う部署に同じ名前の人が複数いる場合があります。

名前を覚えていても、部署名を忘れると正しく取り次いでもらうことができません。名刺をもらっている相手なら、目の前に置いておくと安心です。

ビジネスシーンにおいて、電話で会話しながらメモを取ることも多いので、筆記用具とメモは、すぐに書きつけられる場所に用意します。

また手帳やカレンダーなど、スケジュールと日時がわかるものもすぐに確認できる場所に置いたほうがいいでしょう。

電話の用件や内容も、あらかじめ頭の中で整理しておきます。用件が多い場合や忘れてはいけない事項があれば、簡単に書いておきましょう。必要な書類や資料があるのなら、手元に用意しておきます。

電話を掛ける前に用件をまとめておくということは、スムーズに話ができるだけでなく、簡潔に話すことで通話時間を短くし、コストを抑えるという効果もあります。

準備が整ったら、電話を掛ける前に「掛けてもいい時間かどうか」をもう一度、確認してください。

急ぎの用件でない限り、始業時間直後は、朝礼やミーティングなどで忙しい時間ですから、若干時間をずらしたほうがいいでしょう。また、昼食時も電話は控えたほうがいい時間です。電話を受けてもらうということは、相手が自分の仕事を中断し、こちらに合わせてくれていることでもありますから、掛けてもいい時間を見計らうという心配りは必要です。

そして電話を掛け、相手が出たら、まず「いつも、お世話になっております」の挨拶に続けて、自分の社名と名前を名乗り、名指し人の名前を告げ、取り次ぎをお願いします。

名指し人が電話に出たら、もう一度、挨拶してから名乗ります。

このとき、相手に時間があるのか、それとも取り込み中なのかはわかりません。

用件を伝える前に必ず、「いま、お時間よろしいですか？　本日は●○の件でお電話いたしました」と簡単に伝え、話を続けていいかどうかを相手に確認してから本題に入ります。

電話の掛け方

1　電話を掛ける前の準備

□先方の社名、部署名、担当者名を事前に確認

□あらかじめ、話す内容を整理

□書類や資料を用意

2　挨拶

「いつも、お世話になっております」

3　自分の社名（部署名）、名前を名乗る

「千川社の鈴木でございます」

4　取り次ぎをお願いする

「恐れ入りますが、○○部の田中様はいらっしゃいますでしょうか？」

5　名指し人に電話が取り次がれたら、再度挨拶

「いつも、お世話になっております」

6　再度、自分の社名（部署名）、名前を名乗る

「千川社の鈴木でございます」

7　用件を伝える

「いま、お電話よろしいでしょうか？　本日は、先日の……の件でお電話いたしました」

8　終わりの挨拶する

「それでは、よろしくお願いいたします。失礼いたします」

9　相手が不在の場合

「それでは、こちらから、あらためてお電話させていただきます」

もし相手が不在で、「戻りしだい、お電話させていただきますが……」と言われたときは、相手が取引先や目上なら、帰社時間をたずね、「こちらから、あらためてお電話させていただきます」と言うのが基本のルールです。

ただし、相手が非常に忙しく、話せる時間がわからない、または時間が限られているという場合は、相手からの電話を待ったほうがいいこともあります。

どんな場合も、相手の状況を考えて、応対するようにしてください。

point

電話を掛ける前に話す内容を整理しよう。最初に相手の都合を聞こう。

3-2

取り次ぎをお願いする

「恐れ入りますが、営業部の田中様はいらっしゃいますか？」

電話を受けるときと同様、掛けるときも第一声は「明るく」を心掛けます。少しゆっくり話したほうが、相手には聞き取りやすいでしょう。取り次ぎを頼むときは、「恐れ入りますが、営業部の田中様はいらっしゃいますか？」とお願いします。このとき、相手が「少しお待ちください」と言った後には、「はい、お願いいたします」と返事をしたほうが丁寧な印象を与えます。

もし担当者がわからない場合は、自分の用件から判断して、「恐れ入りますが、広報のご担当者様はいらっしゃいますでしょうか？」など、部署名だけを告げます。そのまま部署につなげてくれる場合もありますし、「どのようなご用件でしょうか？」と詳しい内容を聞かれることもあります。該当の担当者には、事前に伝えたい用件を用意しておき、簡単に説明できるようにしておきましょう。

やむをえず、就業時間外に電話するときは、挨拶時に「夜分遅くに申し訳ございません。恐れ入りますが、営業部の田中様はいらっしゃいますか？」とお詫びしてから、取り次ぎをお願いします。

point

電話を掛けるときも第一声は明るく、はっきりと。
用件は簡単に説明できるようにしておこう。

基本ケース

「お電話ありがとうございます。飯田橋社でございます」

「お世話になっております。千川社の鈴木と申します」

「こちらこそ、お世話になっております」

「恐れ入りますが、営業部の田中様はいらっしゃいますでしょうか?」

「営業部の田中でございますね。ただいまおつなぎいたしますので、少々お待ちいただけますでしょうか?」

「はい、お願いいたします」

相手の名前がわからないケース

「恐れ入りますが、広報のご担当者様はいらっしゃいますでしょうか?」

「ただいまおつなぎいたしますので、少々お待ちいただけますでしょうか?」

「はい、お願いいたします」

営業時間外のケース

「お電話ありがとうございます。飯田橋社でございます」

「夜分遅くに申し訳ございません。千川社の鈴木と申します」

3-3
用件を伝える手順
「いま、お時間よろしいでしょうか？」

ビジネスでは、名指し人に取り次いでもらった後も、すぐには用件に入りません。必ず、「いま、お時間よろしいでしょうか？」と、このまま話を続けていいかを確認するのがマナーです。「大丈夫ですよ」と言われてから、あらためて用件に入ります。

「いま、お時間よろしいでしょうか？　○●についてお電話させていただきました」。このような聞き方をすれば、相手は「その件なら簡単に済むだろうから話を続けられる」「その件は時間が掛かるので、こちらから折り返したほうがいい」などの判断がつきやすいのです。初めて電話する相手や顧客、あるいは急ぎの用件、長く掛かる用件の場合は、この方法を取ったほうがいいでしょう。

普段からやりとりしている相手であれば、挨拶が終わった後、「早速ですが、○●の件について確認させていただけますか？」と用件を含めて聞く言い方もあります。また、相手から先に電話をもらい、折り返し電話を掛けるときは、「昨日、お問い合わせいただいた件で、ご連絡を差し上げました」と用件を先に言っておくと、話がスムーズに進みます。

point

最初に会話を進めていいかを聞こう。
先に用件を簡単に説明すると話がスムーズになる。

基本ケース

「はい、お電話代わりました。田中でございます」

「田中様でいらっしゃいますね。お世話になっております。千川社の鈴木と申します」

「こちらこそ、お世話になっております」

「いま、お時間よろしいでしょうか?」

「はい、大丈夫ですよ」

「先日、お話した○●が●○になりまして、一度打ち合わせをお願いしたいのですが、田中様のご都合はいかがでしょうか?」

用件の内容をすぐに伝えるケース

「はい、お電話代わりました。田中でございます」

「田中様でいらっしゃいますね。お世話になっております。千川社の鈴木と申します」

「こちらこそ、お世話になっております」

「早速ですが、○●の件について確認させていただけますか?」

折り返し電話をするケース

「こちらこそ、お世話になっております」

「昨日お問い合わせいただいた件で、ご連絡を差し上げました」

3-4

問い合わせをするとき

「○●の件についてお伺いしたいのですが、よろしいでしょうか？」

問い合わせの電話を掛けるときは、まず事前に用件を整理しましょう。よく考えたら、自分で調べればわかることだった、というようなことで電話をするのは良くありません。

電話を掛けるとき、担当者がわかっているのなら、取り次いでもらい、「○●の件についてお伺いしたいのですが、よろしいでしょうか？」と用件を切り出します。また、最初に「お忙しいところ、恐縮ですが」とクッション言葉を使うと、印象が柔らかくなります。

もし担当者がわからないなら、電話を受けた相手に「○●の件について、お伺いしたいのですが、ご担当の方におつなぎいただけますか？」とお願いします。相手がさらに具体的な内容を聞いてきたら、端的に伝えます。その内容から適任者に取り次いでくれるでしょう。

問い合わせしたい用件が複数ある場合は、担当者に対して、先に「○●の件について、数点ほどお伺いしたいと思いまして、お電話を差し上げました」と伝えたほうがいいでしょう。

最初に伝えておくことで、担当者のほうもメモの準備をするなど、複数の疑問に答える準備がしやすいからです。

point

問い合わせの内容は事前に整理しよう。
問い合わせる用件が多いときは最初に伝える。

基本ケース

「いま、お時間よろしいでしょうか?」

「はい、大丈夫ですよ」

「お忙しいところ、恐縮ですが、先日の○●の件について、お伺いしたいのですがよろしいでしょうか?」

担当がわからないケース

「お世話になっております。千川社の鈴木と申します」

「こちらこそ、お世話になっております」

「お忙しいところ、恐縮ですが、先日の○●の件について、お伺いしたいのですが、ご担当者の方におつなぎいただけますでしょうか?」

質問がたくさんあるケース

「いま、お時間よろしいでしょうか?」

「はい、大丈夫ですよ」

「お忙しいところ、失礼いたします。先日の○●の件について、数点ほどお伺いしたいと思いまして、お電話を差し上げました」

3-5

アポイントメントを取りたいとき

「●○の件でお目に掛かりたいのですが、ご都合はいかがでしょうか？」

ビジネスでアポイントメントを取るときは、「相手の都合に合わせる」のが基本マナーです。「●○の件でお目に掛かりたいのですが、ご都合はいかがでしょうか？」と伺い、了解が得られれば相手に日時を提示してもらいます。期限をある程度区切ったほうがいい場合は「来週の水曜日以降で」、あるいは「来週中に」などと言ってもいいでしょう。

もし、指定された日時の都合が悪いときは、「誠に申し訳ございません。あいにくその日は先約が入っておりまして、他の日でご都合がよろしい日時を教えていただけないでしょうか？」と聞きます。

逆に、「いつでもいいですよ」と言われたら、都合のいい日時を３、４日提案し、選んでもらいます。もし、お互いのスケジュールがなかなか合わないときは、折り返し電話したい旨を伝え、こちらのスケジュールを調整してから再度、電話を掛けるという方法もあります。

アポイントメントの約束が確定したときは、「お忙しい中、お時間をいただき、ありがとうございます。○月●日、月曜日の14時に御社へ伺います」と日時を復唱して確認しましょう。

point

アポイントメントは相手のスケジュール優先で。
日時が合わないときは折り返し電話で調整する。

基本ケース

「お忙しいところ恐縮ですが、●○の件について、一度ご相談させていただきたいのですが、ご都合はいかがでしょうか？」

「はい、大丈夫ですよ」

「ありがとうございます。ご都合のよろしい日時を、ご指定いただけますでしょうか？」

「はい、それでは、○月●日、月曜日の14時に弊社でお会いいただけますか？」

「かしこまりました。○月●日月曜日の14時に御社へ伺います」

相手の都合に合わせられないケース

「ありがとうございます。ご都合のよろしい日時を、ご指定いただけますでしょうか？」

「はい、それでは、○月●日、月曜日の14時に弊社でお会いいただけますか？」

「誠に申し訳ございません。あいにくその日は先約が入っておりまして、他の日でご都合のよろしい日時をお教えいただけないでしょうか？」

アポイントメントを取った相手に感謝を伝えるケース

「はい、それでは、○月●日、月曜日の14時に弊社でお会いいただけますか？」

「かしこまりました。お忙しい中、お時間をいただきありがとうございます。○月●日月曜日の14時に御社へ伺います」

3-6a

相手が不在のとき

「それでは、○時頃にまたお電話いたします」

電話を掛けた相手が不在な場合、応対には2つのパターンが考えられます。

①こちらからまた電話を掛ける旨を伝える

ビジネスシーンにおいて、「電話させていただきますが」と言われても、「ありがとうございます。お手数ですので、こちらからお電話させていただきます」とお礼を言って断りましょう。そして「恐れ入りますが、何時頃にお戻りになられますか？」と帰社予定時刻を聞き、「それでは、こちらからあらためて、その頃にご連絡を差し上げます」と言って、再度、電話を掛けましょう。

②折り返し電話をお願いする

何度か電話したものの、相手が忙しく、なかなか電話がつながらない場合、または、帰ってくる時間がまったくわからない場合などは、相手からの電話を待ったほうが賢明です。

「大変お手数ですが、お戻りになりましたらお電話くださるよう、お伝えいただけますか？」と頼んでから、こちらの名前と連絡先を伝えましょう。

point

相手が不在のときは掛け直すのが基本。
折り返し電話を頼むときは丁寧に。

基本ケース

「お世話になっております。営業部の田中様はいらっしゃいますでしょうか？」

「大変申し訳ございません。あいにく営業部の田中は外出しております」

「恐れ入りますが、何時頃お戻りになりますか？」

先方に電話を掛け直すケース

「大変申し訳ございません。あいにく営業部の田中は外出しております」

「恐れ入りますが、何時頃お戻りになりますか？」

「17時には戻る予定になっております」

「それでは、こちらからあらためてその頃にご連絡を差し上げます」

先方に折り返し電話を掛け直してもらうケース

「恐れ入りますが、何時頃お戻りになられますか？」

「大変申し訳ございません。はっきりとした戻りの時間はわかりかねます」

「それでは、大変お手数ですが、お戻りになられましたらお電話くださるよう、お伝えいただけますか？　念のため、こちらの連絡先を申し上げます」

3-6b

二度目の電話以降も相手が不在のとき

「恐れ入ります。先ほどお電話しました○○社の□□でございます」

不在の相手に再度電話するとき、受け手が同じ人ということもあります。名乗るときには、「先ほどお電話しました千川社の鈴木でございます」と言いましょう。取り次いでもらうときも、「営業部の田中様はお戻りになられましたでしょうか？」と言うのが自然です。

このときに、担当者が帰社していれば問題ありませんが、まだ帰社していないという場合もあります。その場合は、帰社予定時刻を確認し、「またこちらからお電話させていただきます」と言ってから、電話を掛け直します。

3回目以降の電話では、名乗った後、「何度も申し訳ございません」など、お詫びの言葉を伝えるようにしましょう。

何度も電話していると、受け手のほうから「田中が戻りしだい、こちらからお電話させていただきます」と提案してくれることもあります。このようなときは素直に、「ご面倒をお掛けしますが、どうぞよろしくお願いいたします」と折り返し電話をお願いしましょう。「悪い」と思うかも知れませんが、何度も電話するよりは、取り次ぐ人に負担を掛けずに済みます。

point

二度目からは挨拶を変える。何度も電話するより折り返し電話をお願いしよう。

基本ケース

「恐れ入ります。先ほどお電話させていただきました千川社の鈴木と申します」

「お世話になっております」

「お世話になっております。何度も申し訳ございません。恐れ入りますが、営業部の田中様はお戻りになられましたでしょうか？」

複数回の電話後、先方から折り返し電話すると言われたケース

「恐れ入ります。先ほどお電話させていただきました千川社の鈴木と申します」

「お世話になっております」

「お世話になっております。何度も申し訳ございません。恐れ入りますが、営業部の田中様はお戻りになられましたでしょうか？」

「大変申し訳ございません。田中はまだ外出しております。戻りしだい、こちらからお電話させていただきます」

「大変ご面倒をお掛けいたします。それでは、よろしくお願いいたします」

3-7 お礼を伝えるとき

「先日は大変お世話になりました」

ビジネスシーンにおいても、電話でお礼を伝える必要は出てきます。お礼は、相手の記憶が新しいうちに伝えたほうが印象に残るので、なるべく早く電話を掛けるようにしましょう。

お礼を伝える場合、「先日は大変お世話になりました」と言ってから、具体的なお礼の言葉を続けます。たとえば、普段からお世話になっているのなら、「いつもお世話になるばかりで、お礼の申し上げようもございません」と言うのもいいでしょう。

また、会社に来ていただいた人に電話するときは、「先日はお忙しい中、ご足労いただき、誠にありがとうございました」と最初にお礼を伝えます。相手が何かを送ってくれたときには、「本日、○●が届きました。お気遣いいただき、ありがとうございます」と、直接、相手にお礼を伝えましょう。お礼の電話を掛けることで、贈り物が届いたという報告にもなります。

また、電話を受けた相手が最近会った人で、用件は他の人にある場合だとしても、「先日は大変お世話になりました」とお礼の言葉を添えるのもいいでしょう。普段から状況に合わせてお礼を言うようにしておけば、電話でもお礼の言葉をスムーズに伝えられるようになります。

point

お礼の電話はすぐに掛けよう。
普段からお礼を言う習慣をつけよう。

基本ケース

「はい、お電話代わりました。田中でございます」

「先日は大変お世話になりました。千川社の鈴木です」

「こちらこそ、お世話になっております」

「田中様には、いつもお世話になるばかりで、お礼の申し上げようもありません」

会社に来ていただいたケース

「はい、お電話代わりました。田中でございます」

「いつもお世話になっております。千川社の鈴木です」

「こちらこそ、お世話になっております」

「先日はお忙しい中、ご足労いただき、誠にありがとうございました」

贈り物をいただいたケース

「はい、お電話代わりました。田中でございます」

「いつもお世話になっております。千川社の鈴木です」

「こちらこそ、お世話になっております」

「本日、○●が届きました。お気遣いいただき、ありがとうございます」

3-8

謝罪やお願いを伝えるとき

「ご迷惑をお掛けしまして、誠に申し訳ございません」

約束していたアポイントメントの日時を変更したいとき、頼みにくいことを相手にお願いしたいとき、どれも切り出しにくいものですが、迷いは禁物です。

特に、日時の変更は相手の都合もありますから、わかった時点ですぐに相手に連絡を入れなければなりません。理由もなく約束を変えたいというのは、相手にとっては納得がいかないことです。「実は急用ができてしまいまして」と簡単でもいいので理由を相手に話しましょう。また、相手が変更してくれたとき、「ご迷惑をお掛けして、誠に申し訳ございません」ときちんと謝りましょう。

相手に何かお願いしたいときも、挨拶の後、「本日はお願いのお電話させていただきました。お忙しいところ恐縮ですが、お時間を少しいただけますでしょうか？」と、お願いが趣旨であることを最初に伝えてから、話を進めてください。

言いにくいことは曖昧にせず、最初にはっきり言ったほうが、相手にも心の準備ができ、後の会話がスムーズになります。

楽天、ユニクロ…などで英語が社内公用語化。
英語をあきらめた人達も、
もう言い訳はできません。

日本人が英語を学ぶべき時が本当にやってきたのです。あなたはどうしますか？

英語ができれば、人生が変わる

間違った英語学習はいくらやってもダメ！

ユニクロや楽天が社内で英語を公用語化するなど、日本企業でも、英語力を重視する企業が増えています。**今後は英語ができなければ職にもつけなくなっていくことでしょう。**でも、**残念ながら日本人は間違った英語学習ばかりやってきました。**

CDを聴き流すだけではダメ！

よくCDを聴き流すだけで、知らないうちに英語がわかるといった教材を見かけます。英語の音声がまず流れ、次に日本語の意味が聴こえてくるというものです。しかし最新の脳科学によると、**この方法では、永遠に英語は話せません。**和訳することで「日本語脳」が活性化してしまい、脳の神経ネットワークが英語モードにチューニングされるのをジャマしてしまうからです。

脳科学によると、日本語脳の活性化を抑え、英語モードで英語を英語のまま、理解する学習しか英語をマスターできないことがわかったのです。

次ページへ

人間の脳は80～90％は「視覚情報」で認識する！

CDを聴き流すだけでは英語が上達しない。それには理由があります。人間の脳は、耳や口や手をフルに使い続けることで、激しく大きな刺激を得て、記憶を増殖させていくシステムでできているからです。**人間の記憶のうち、80～90％は、視覚から入力されます。**ということは、視覚イメージが重要なのです。目から入力された視覚情報は、大脳皮質の後頭部にある視覚野に運ばれ、さまざまな加工をして、脳がその情報を把握します。つまり、英語学習も、音声だけの学習よりも**映像やイメージと結びつけたほうが英語力ははるかに向上する**ということです。

「臨場感」がないと英語はできない！

さらに、**英語を学ぶうえで英語空間に「臨場感」がないといけません。その空間における臨場感が上がれば上がるほど、英語脳ができあがってくるからです。**でも、このような英語教材はほとんどありません。

「じゃあ、どうすればいいのか？」

音の3D化！

「バイノーラル英会話DVD＆ミニブック」をもれなく無料プレゼント！

そこで、今回、**圧倒的な臨場感と視覚イメージの入った「バイノーラル英会話DVD」＆ミニブック「脳はどうやって英語を学ぶのか？」**をご用意しました。バイノーラルというのは、人間の頭の形をしたマイクで録音する技術です。右耳と左耳のところにステレオでマイクがあると思ってください。そのマイクに対して、役者が話しかけますので、**〝まるでその場にいるかのように〟三次元的に音が聴こえてくるのです。**

右耳と左耳で場所が違いますから、ずれたところで音を聴かせることによって3D感をつくっています。**この効果によって、脳は勝手に英語を追いかけ、積極的に聴こうとするのを促します。だから、日本語脳の活性化が抑えられ、英語脳がつくられます。まずは、お試しください！**

無料申込は裏面へ

全員にバイノーラル英会話 DVD＆ミニブックを 無料プレゼント!

世界初! 超臨場感空間で
ブルグル回り、英語脳ができる!

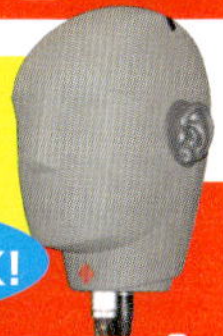

化したDVD

見るだけでOK!

ノーラル英会話DVD BL版』

形をしたバイノーラルマイクで録音することで、「脳が無
極的に聴こうとする」ことを促します。しかも脳が言語を
ムにのっとった映像付!だから、英語脳ができる!

の脳科学によるスピード英語学習法

英会話 TOEIC® ビジネス英語 映画・海外ドラマ

うやって英語を学ぶのか?』

英語を学ぶのか?／新しい英語脳のつくり方と
よる「TOEIC®学習法」を紹介!／暗記せずに
す方法／「リスニング」が一気に向上する“ある
?／世界のスパイが英語を学ぶ方法とは?／「英
作る方法…など満載!

ネット・FAX・ハガキで!

ケータイはこちら

ww.forestpub.co.jp/bl
2-3088

切り取り線

ブレインラーニング事務局

無料バイノーラル英会話DVD&ミニブック請求

以下、すべての項目をご記入の上、郵便またはFAXにてお申し込みください。

フリガナ
お名前

性別
□男性
□女性

〒□□□-□□□□
住所

電話番号

FAX番号

E-mail @

生年月日 年 月 日生まれ （年齢 歳）

ご自身のブログをお持ちですか? □はい

職業 □1.個人事業主 □2.経営者 □3.会社員 □4.教師・公務員 □5.コンサルタント・士業 □6.学生 □7.無職 □8.その他

ブレインラーニング事務局

郵便はがき

料金受取人払郵便

日本橋支店
承　認

1189

差出有効期間
平成24年11月25日まで

103-8790

740

郵便事業株式会社　日本橋支店
私書箱第214号

フォレスト出版株式会社
ブレインラーニング事務局

切り取り線

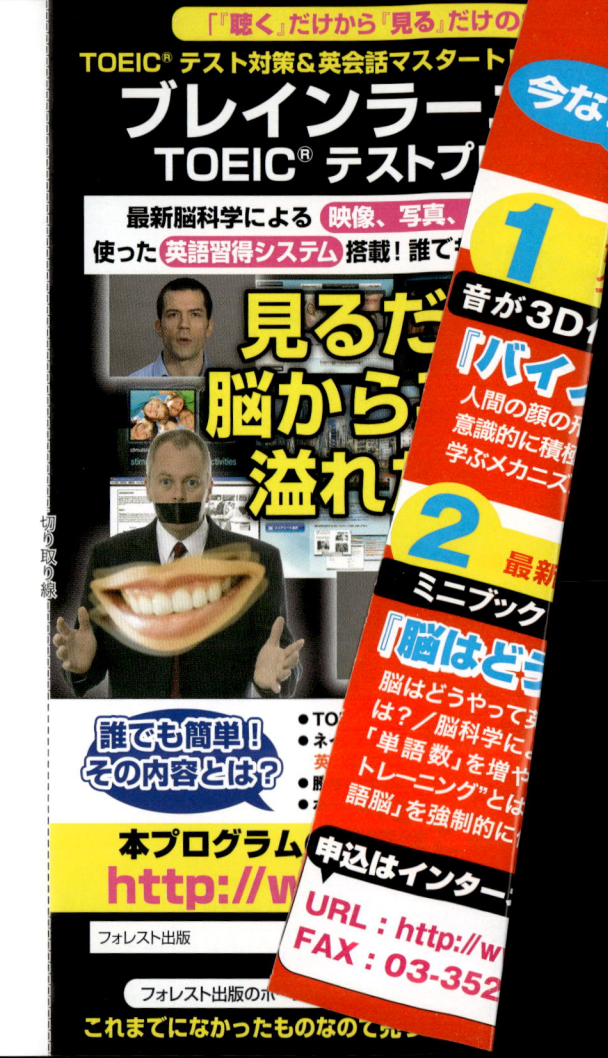

point

アポイントメントの変更はすぐにお願いする。
言いにくいことを最初に伝えると、後がスムーズになる。

謝罪するケース

「大変申し訳ございません。実は急用ができてしまいまして、先日お約束させていただいた打ち合わせの時間を14時から15時に変更していただけますでしょうか？」

「わかりました。それでは、15時に弊社でお待ちしております」

「この度は、お忙しい中、ご迷惑をお掛けして誠に申し訳ございません」

頼みにくいことをお願いするケース

「はい、お電話代わりました。田中でございます」

「お世話になっております」

「こちらこそ、お世話になっております」

「実は、本日はお願いのお電話させていただきました。お忙しいところ、恐縮ですが、お時間を少しいただけますでしょうか？」

3-9

伝言をお願いするとき

「お手数ですが、ご伝言をお願いできますでしょうか？」

相手が不在のとき、伝言を頼んだほうがいい場合もあります。たとえば、用件が伝われば、電話を折り返し掛けてもらう必要がない場合は、伝言をお願いしましょう。

伝言を頼むときは、電話を受けた相手に「お手数ですが、ご伝言をお願いできますでしょうか？」と聞きます。了解を得てから、伝えたい用件を話します。話し終わったら、相手の名前を確認します。

「かしこまりました。私、江戸川橋が承りました」と名乗ってくれればいいのですが、そうでなければ、こちらから伺います。

「田中様によろしくお伝えください。私は千川社の鈴木と申します」とあらためて、自分の名前を名乗った後で、「恐れ入ります。お名前を伺ってもよろしいでしょうか？」と相手にたずねればいいでしょう。名前を伺ったら必ず復唱し、メモを取ります。

最後に「お手数をお掛けして申し訳ございませんが、よろしくお願い申し上げます」と相手に対して、お礼の言葉を忘れずに伝えましょう。

point

報告のみなら伝言も有効。
伝言を受けた人の名前は必ず聞こう。

基本ケース

「お世話になっております。営業部の田中様いらっしゃいますでしょうか?」

「大変申し訳ございません。あいにく営業部の田中は外出しております」

「恐れ入りますが、ご伝言をお願いしてもよろしいでしょうか?」

「かしこまりました」

「明日の会議の時間が、14時から15時に変更になりましたので、それをお伝えいただけますでしょうか?」

「かしこまりました。明日の会議の時間が、14時から15時に変更、とのことですね。承知いたしました」

伝言を受けてくれた相手にお礼を言うケース

「それでは、田中様によろしくお伝えください。私は、千川社の鈴木と申します。恐れ入ります。お名前を伺ってもよろしいでしょうか?」

「失礼いたしました。私は、営業部の江戸川橋と申します」

「江戸川橋様ですね。お手数をお掛けして申し訳ございませんが、よろしくお願い申し上げます」

3-10

電話の切り方

「お手数をお掛けしますが、どうぞよろしくお願いいたします」

用件を伝えたら、挨拶してから電話を切ります。最後の挨拶は、それまでの会話に沿って、多少の変化を持たせたほうが自然です。たとえば相手に、伝言や折り返し電話をお願いした場合は、「お手数をお掛けしますが、どうぞよろしくお願いいたします」と言いましょう。また「●○の件についてご確認させていただき、ありがとうございました」など、相手と話した内容を含めてお礼を言うのも、好感がもたれる挨拶です。

お詫びの電話では、「大変ご迷惑をお掛けいたしまして、申し訳ございません」など、最後にもう一度、お詫びの言葉を入れましょう。

お願い、感謝、お詫び、ねぎらい……どれも、用件に合わせて、電話を切る前にもう一度言うことで、相手により強く、伝えることができます。

最後に、「失礼いたします」「ごめんください」と言ってから電話を切ります。

一般的に「電話は掛けたほうから先に切る」と言われますが、相手が目上である場合や顧客など、敬う相手であれば、相手が切るのを待ってから、電話を切ったほうがいいでしょう。

point

最後の挨拶は用件に合わせて言葉を選ぶ。相手が目上なら、電話は後から切る。

基本ケース

「明日の会議の時間が、14時から15時に変更になりましたので、それをお伝えいただけますでしょうか?」

「かしこまりました。明日の会議の時間が、14時から15時に変更、とのことですね。承知いたしました」

「いろいろとお手数をお掛けしますが、どうぞよろしくお願い申し上げます。ごめんくださいませ」

お礼を伝えて電話を切るケース

「●○の件について、よろしいでしょうか?」

「お忙しい中、●○の件についてご確認させていただき、どうもありがとうございました。ごめんくださいませ」

謝罪を伝えて電話を切るケース

「かしこまりました。明日の会議の時間が、14時から15時に変更、とのことですね。承知いたしました」

「大変ご迷惑をお掛けいたしまして、申し訳ございません。それでは、明日よろしくお願い申し上げます。失礼いたします」

折り返し電話を頼んで電話を切るケース

「大変申し訳ございません。はっきりとした戻りの時間はわかりかねます」

「それでは、大変お手数ですが、お戻りになりましたらお電話くださいますよう、お伝えいただけますか?　念のため、こちらの連絡先をお伝え申し上げます」

「かしこまりました。お伝えいたします」

「お手数をお掛けして申し訳ございませんが、よろしくお願い申し上げます。ごめんくださいませ」

COLUMN 4

間違えやすい電話のNGワード

普段、耳にする会話の中にも、時々、間違った言葉遣いがある。間違って覚えると習慣になり、直すのが難しい。最初から、正しい言葉遣いを学ぼう。

「田中様はいますでしょうか?」

相手がいるかどうかの確認は「います」ではなく、尊敬語を使って「**いらっしゃいますか?**」、あるいは「**いらっしゃいますでしょうか?**」と言う。

「先日、申されました件……」

「申す」は謙譲語なので、相手に対しては使ってはいけない。「**おっしゃいました**」が正しい。

「お世話様です/ご苦労様です」

目上の人間が目下に対して、ねぎらいの言葉として使う言葉。立場が逆だと失礼にあたるので注意する。

「きれいな椅子でいらっしゃいますね」

相手の所有物であっても、物に対して尊敬語を使うのは間違った使い方。「**きれいな椅子ですね**」でいい。

「お電話番号を頂戴できますか?」

これもよく聞く言い方だが、電話番号は物ではないので正しくない。「**お差し支えなければ、お電話番号を教えていただけますでしょうか?**」と言う。

「誰におつなぎしますか?」

電話で名指し人の名前を聞くときは、「誰」ではなく「**どの者**」と言う。

「どんなご用件ですか?」

一見、丁寧なようだがビジネスのときは、「どんな」ではなく「**どのような**」を使う。

「お話してください」

「して」は命令の言葉なので、相手に言ってはいけない。正しくは「**お話ください**」と言う。

「たぶん、5時に戻ると思います」

ビジネスシーンでは、曖昧な表現は誤解やミスの原因になるので、なるべく避けること。この場合は、「**5時に戻る予定になっております**」と言うほうがいい。

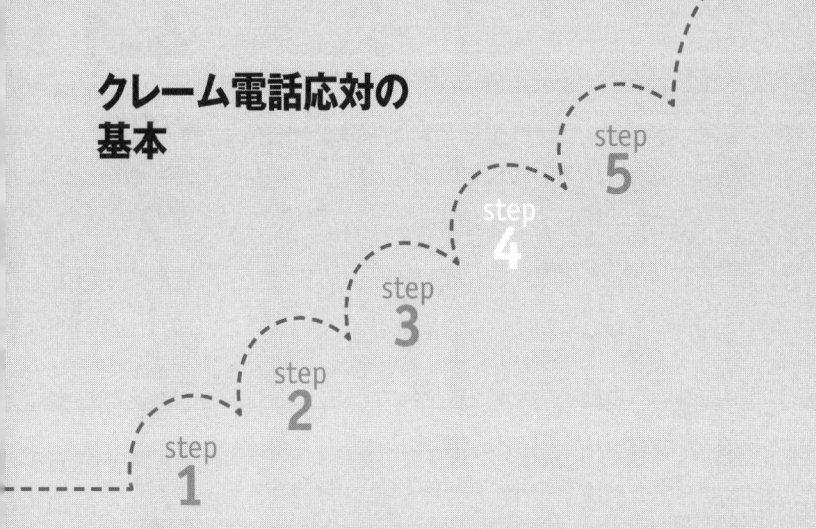

クレーム電話応対の基本

step 5

step 4

step 3

step 2

step 1

4-1

クレームとは何か？

クレーム電話は「宝の山」だと心得る

会社で受ける電話の中でも、「クレーム電話」ほど気が重くなるものはない、とあなたは思っていませんか？

クレーム電話を掛けてくる相手は、最初から怒っているなど、感情的になっている場合が多く、普段、電話応対に慣れている人でも、クレーム電話を受けると緊張します。

しかし、クレーム電話は企業にとって、悪いことばかりではありません。

クレーム電話した顧客が、適切な応対に満足したとき、「この会社はいい会社だ」と考えるようになります。

また、顧客は「次もこの会社の商品を買えば、何かトラブルがあっても安心だ」「これからもこの会社のものを使うことにしよう」と思うでしょう。

クレームを言う前よりも後のほうが、確実に好感度は上がるのです。ですから、クレームは顧客獲得のチャンスと考えることもできます。

一方、クレームの内容によっては、今後、改善すべき点や注意点も見えてきます。クレームが企業を成長させる、と言っても言いすぎではないでしょう。

企業にとって、クレームは嫌なものではなく、むしろ「宝の山」と見るほうが正しいのです。あなたにとっても、クレーム電話を「苦手」「面倒」と考えるのは損なことです。

クレーム電話の応対は、電話応対の中でも難しいのです。だからこそ、上手に応対することができれば、確実にあなたはスキルアップできるでしょう。

そして、クレーム電話に強くなるためにはまず、クレームに対する正しい認識が必要です。

では、クレームとは一体、何なのでしょうか？

日本語でいう「クレーム（苦情）」を英語にすると、「Claim（クレーム）」と「Complaint（コンプレイン）」の２つに分けて考えることができます。

クレームとは、相手に対して正当に請求する権利があり、解決しなくてはいけない事柄を指します。

対して、コンプレインは不平・不満を指し、内容によっては解決できない場合もあるのです。また、コンプレインも話の内容を詳細に聞くことで、クレームに変わる可能性があります。

クレーム電話を受けたらまず、相手の主張が解決すべきクレームなのか、または不満を訴えるだけのコンプレインなのかを聞き分ける必要があります。

ここで、見極めることができれば、内容に合った適切な対処が可能になるでしょう。けれど、相手の主張にそぐわない応対をすれば、相手は気分を害し、問題がますます複雑になりかねません。

とはいえ、クレーム電話を掛ける相手は、焦り、怒り、悲しみなどのネガティブな感情を持っていることが多いものです。見知らぬ人から突然、ネガティブな感情をぶつけられることが、「クレーム電話は怖い」という気持ちにさせる理由のひとつでしょう。

ここで意識すべきなのは、相手が、あなたに対してネガティブな感情を持っていないということです。

電話を掛けてきた時点では、会社に対して多少、不満を感じているかも知れませんが、決してあなた自身に対してではないのです。そのことをしっかり心に刻みましょう。

あなたの応対しだいで、相手のネガティブな感情が、納得や驚き、喜びなどのポジティブな感情に変わっていく可能性もあります。

もちろんクレームを受けた問題のすべてが、円満に解決するとは限りません。しかし、相手が納得する問題の解決方法や改善方法を提案することはできます。そして、解決できなかった

クレームとコンプレインの比較

	クレーム	コンプレイン
意味内容	相手が正当に請求する権利のあるもの	不平・不満のこと
解決について	解決しなくてはならない	内容によっては解決できないこともある
備考		クレーム予備軍の場合もある

問題は、次の課題として、会社全体で考えていけばいいのです。

「できるだけ相手を満足させて、電話を切る」。これが、クレーム電話を受けたときのあなたの目標になります。

この目標が達せられたとき、あなたにとってクレーム電話は怖いものではなくなっているでしょう。

そのためにも、クレーム電話の応対は、しっかり覚えておくべきです。

point

クレームは顧客獲得のチャンス。
クレームとコンプレインを聞き分けよう。

4-2

クレームを聞く

相手が何に不満を持っているかを理解する

クレーム応対において、重要なのは、「相手の話をしっかり聞く」ことです。電話の向こう側の相手との信頼関係は「話すこと」で生まれます。信頼関係は、相手と話し合うときの基盤となりますから、応対の中でしっかり築きたいものです。

クレーム電話において、留意したいのは「人は話を聞いてほしい生き物だ」ということです。

そこで、クレームを「聞く」ことの利点は以下の３つになります。

①相手の主張が明確に見えてくる

②問題解決の糸口が見えてくる

③相手についての情報が得られるとともに、問題対処のための分析をする余裕が持てる

もしも、相手の話を聞いているときに、話に矛盾があったり、誤解があると感じても、途中で反論したり、意見してはいけません。まずは、最後まで相手の話を聞きます。

相手の話をしっかり聞くことは、相手の感情を吐き出す場所を作ることです。そこで、相手がクレームを言うことで、すっきりできて問題が解決してしまう、ということもあるのです。

人は感情的になったとき、一旦感情を吐き出さないと、次のプロセスに進めないものです。これは、恋人同士の喧嘩などでも容易に想像がつくでしょう。最初に泣いたり、わめいたりして感情を吐き出してしまうと、後は喧嘩の原因などすっかり忘れ、仲直りできてしまうことがよくあります。

もちろん、感情だけの問題ではなく、具体的な対処が必要なクレームもあります。相手の話を聞きながら、「どんなことが起こって、クレームが出たか」という客観的事実を探すことが大切です。

このとき、あまりに親身になって聞いてしまうと客観性が失われますので、あくまでも冷静な気持ちを崩さないようにしてください。先入観を捨て、事実関係だけを明快にすることが、クレーム電話を聞くときには必要なことです。

point

人は「聞いてほしい」ものだと心得る。聞きながら、客観的な事実を探す。

4-3

クレームの原因とは？

クレームに迫る3つの視点

クレームには、必ず始まりがあって、終わりがあります。始まりである「原因」と、終わりである「目標（解決）」を見定めて対処するには、以下の3つの視点から、クレームを分析する必要があります。

①問題の目的――目的はどこにあるのか？

（A）クレームを言われた時点での現状を把握する

（B）望ましい状態とは何か？　そこから見て、何が不足しているのか？

（C）何を目標とすればいいのか？

②問題の内容の把握――交渉は必要か？

（A）目標を達成するための交渉範囲は妥当か？

③問題解決の選択――より簡単な方法で目的を達成できる方法はないか？

（A）この問題を処理する具体的な方法は何か？
（B）より簡単な方法はあるか？

これらの点に留意して、話を聞いていくことで、クレーム処理への流れがつかめるはずです。

一方、クレーム電話は、受けたほうだけが労力を使うわけではありません。掛ける側も時間とエネルギー、そしてときにはお金も掛けて電話してくるのです。

実際、クレームを言う人は、不満を持つ人の中の1割にも満たないと言われています。ほとんどの人は不満があっても言いません。そのまま、その商品なり企業から離れていってしまうだけです。「クレームが悪いことばかりではない」というのは、こうした実情からも言えることです。

では、わざわざ時間と労力を掛けてまで、顧客にクレーム電話をさせる原因とは何でしょうか？　一般的には、以下の3つのことが考えられます。

①対象の商品、あるいはサービスについて、受ける側が予想していた以上に劣っている、または悪かった場合

安価なものに人はそれほど期待しませんから、性能が多少悪くても「そんなものだろう」で済んでしまいます。「良くないだろうな」と思っていた場合は、予想通り悪い場合でも人はそれほど失望しないものです。

しかし、高額商品やランクの高いホテルなどのサービスでは、人は値段に見合うものを期待します。

ちょっとした不備や不手際があっても、人は失望を感じ、クレームの原因となるのです。

②人の応対から生まれる不満

最初はさほど期待していなかったとしても、気になるほど無愛想な態度やいい加減な応対も、クレームの原因になります。

たとえば、電話の応対で「折り返し、すぐにお電話いたします」と言ったにもかかわらず、電話がこなかったり、「では○日の○時にお電話いたします」と約束しながら、その日時に電話がこなかったりすれば、クレームにつながってもおかしくはありません。

③こちらはきちんと説明しているつもりでも、相手が理解できずに感情を害してしまう場合

取り扱い説明書や、書類できちんと説明していたとしても、相手がそれを読んでいない、あるいは読んでも複雑すぎて理解できない、そんなときにもクレームは起こります。

③の場合、「クレームの原因は相手にある」と思っても、すぐに口に出すことは禁物です。原因が相手にあると思うと、口調が多少ぞんざいになる人もいますが、それは絶対にしてはいけません。そのぞんざいさが、次のクレームを生むことになりかねないからです。

クレームを受けてから、さらに新しいクレームが生まれることを「二次クレーム」と言い、クレームがふたつに増えたことを意味します。相手の怒りも倍増しますから、さらに応対が難しいクレームへと変貌してしまうのです。

クレーム電話は掛けてきた時点で、相手が感情的になっている場合も多いため、容易に二次クレームを引き起こしやすい、という点にも注意が必要です。

また、人が不快に感じる応対に、「自分（自社）を尊重する発言」があります。

「そういう規則になっております」という言い方は、違う主張を持つ相手を納得させるどころか、逆に怒りを買うことにもなりかねません。

「私に言われても困ります」といった責任回避の発言も同様です。電話を受けた時点で、あなたは「会社の顔」なのです。適切な担当者に取り次ぐなどして、相手の不満を解消することに対する責任を持たなければいけません。

「会社が困ります」といった言葉も、クレームを言う側になって想像してみれば、ほとんど効果がないことは容易に想像できるでしょう。相手にとって、こちらの都合はまったく重要ではなく、重要なのは自分の主張なのです。

クレーム電話から二次クレームを引き起こさないようにするためには、「長時間待たせない」「電話をたらい回しにしない」「他の作業をしながらの応対など、いい加減な態度を取らない」といった通常の気遣いを徹底して行います。

そして話を聞きながら、クレームの原因から解決までの流れをつかめるように努めてください。

point

原因がわかれば解決が見えてくる。
二次クレームに気をつけて応対しよう。

クレーム電話応対

クレーム電話を解決する6カ条

クレーム電話の流れには、6つのプロセスがあります。まず、このプロセスを理解して、実行できるように心掛けましょう。

①第一印象（First impression）

普段の電話応対同様、クレーム電話での第一声は、とても重要です。明るく、はっきりした声で話すことで、相手に「あなたがこれから話すことをきちんと受け止めます」という気持ちを伝えたいからです。そして、相手が良い印象を持ったか否かで、後の反応が違ったものになります。ですから、最初の「お電話ありがとうございます。飯田橋社の田中と申します」という挨拶の言葉は、自分の名前も含め、心を込めて言いましょう。

態度は表面的なものではなく、相手のためにできるだけの応対をするよう、気持ちを集中させてください。

②確認（Identify）

まずは、相手の話を聞き、何が起きたのかを正確に確認します。

ここで大切なのは、こちらは聞き手に徹することです。問題の事実、本質を把握するために、冷静に判断し、分析してください。そのためには、相手の乱暴な言葉遣いや挑発に惑わされないことです。

とはいえ、あなたの応対があまりに平坦だと、相手をますます怒らせることにもつながります。会話はあくまでも相手に合わせつつ、辛抱強い態度で臨んでください。

ポイントとしては、以下の6点に留意しながら会話を進めましょう。

①真摯な態度で臨む
②相手の怒りに対応した適切なトーンの相づちを打つ
③不快な思いを掛けたことに対する「申し訳ありませんでした」のひと言を伝える
④相手の言葉を復唱する
⑤質問による確認をする

⑥相手の言葉を遮ったり、言葉をかぶせたりしない

③評価（Assessment）

話をすべて聞いてから、相手が訴える問題点と、求めている救済点を評価・判断します。もし緊急性や重要性が高い場合は、迅速な応対を取る必要があります。また、特に緊急性や重要性がない場合でも、相手にとっては重要な問題ですから、真摯に受け止める姿勢を崩さないでください。

このときのポイントは、以下の3点です。

①問題を評価・判断することで、問題の深刻さを把握する
②相手の態度に惑わされない
③問題の本質（本音）を確認する

④話し合い（Negotiation）

これまでにわかった問題の事実、本質、および評価・判断を踏まえ、相手との会話によって

解決策を検討します。場合によっては、この段階で担当者に引き継ぐこともあります。

ここでのポイントは、以下の5点です。

①約束事や応対の境界線での曖昧さを排除し、応対範囲を設定する
②相手の性格、タイプを把握する
③公正さ、そして商品等の場合は再購入の可能性を検討する
④状況を踏まえた上で冷静に応対する
⑤応対記録を時系列で整理する

⑤処置と行動（Action）

相手と解決策の合意が取れたら、電話を切ります。

そして、ここまでの問題の経過と話し合いの結果など、正確な情報を担当部署に伝え、解決、改善に導くなどの適切な処置、行動を実行します。

4の段階で、他の担当者に引き継いでいる場合も、伝達ミスを避けるために、経過の状態を確認するのが望ましいでしょう。また、処置に時間が掛かるなど、クレームの相手に対して途

中報告などが必要な場合は、相応の応対をしてください。

⑥情報発信（Information）

最後に、守秘義務がある個人情報などを除いて、顧客応対の問題点や商品、サービスの改善点といった、問題から得られる情報を社内に発信し、共有・活用できるようにします。

情報を組織全体で活かしていく体制が取れていれば、類似のクレームを未然に防ぐことができますし、他の問題に応用することも可能になります。また、クレームの問題を企業全体で共有・活用することが、結果的に顧客満足度のアップにつながります。

point

6つのプロセスを意識して電話応対しよう。電話を切った後も手を抜かない。

4-5

クレーム電話応対の流れ

相手の不満レベルを理解する

クレーム電話は、電話の趣旨がクレームであるとわかった時点で、すぐに「クレーム応対」に心を切り替えましょう。細心の注意を払い、集中することが求められるからです。

そして、クレーム電話を掛けてくる相手は、程度はさまざまですが、以下の５つのタイプに分かれます。

①競争型

主導権を握りたい、勝ちたい人。強気で、ときに脅迫的な発言や、交渉に応じず一方的に話を終えようとするタイプ

②問題解決型

既成の選択肢にとらわれず、問題の本質を見抜ける人。公平で、妥当な解決策を見い出せるタイプ

③妥協型

他人との生産的な関係を大切にし、それを維持したいと考えるフェアなタイプ

④順応型

他人との摩擦は、自分が相手の問題を解決することで終わらせようとするタイプ

⑤回避型

他人との摩擦や競争を非常に嫌がる人。平和と静寂を好み、摩擦を減らす努力をするタイプ

クレーム電話を受けているとき、以上の5つのタイプを頭に入れておきましょう。相手を観察することはあなたの冷静さを保つことにつながりますし、相手の強い口調や態度も「あ、この人は競争型か」と思えば、むやみに怖がることもなくなるでしょう。

一方、話がなかなか本題に入らない人もいます。こうした人は、聞き手がどのくらい信用できるかを見極めている場合があります。その場合、いらいらして、急かしたりするのは禁物です。根気強く、相手の言葉を聞きましょう。

クレームに対して、「親身になって対処いたします」という姿勢を、相手にわかってもらうためには、「お客様のおっしゃる通りです」「それはごもっともです」といった共感を示す言葉を使って話を聞くといいでしょう。

話を聞き終わったら、相手を不快にさせたという事実に対してお詫びをします。たとえ、自分の担当外のことであっても、話を聞いたのはあなたですから、お詫びの言葉を相手に告げることは不自然ではありません。このときに、「本当は私には関係ないんだけれど」という態度は絶対に取ってはいけません。

わずかな声のトーンからも、相手は敏感にあなたの気持ちを感じ取ります。それを防ぐには、たとえ心の中でも違うことは思わないほうがいいのです。

相手の話を伺った上でのクレーム応対のプロセスは二通りに分かれます。

ひとつは直接の担当者に電話を取り次ぐことです。なるべく相手を待たせないようにしながら、クレームの内容を素早く担当者に伝え、電話を取り次ぎます。

もうひとつは、あなたが担当として引き続き、相手と話をしていくことです。

この場合、あなたが解決策を相手と話し合います。相手が納得するまで、誠実に、粘り強く応じてください。

解決案に対し、相手が納得したら、その実行を約束するなり、実行に移すなりの具体的な処置を取ります。

電話を切った後にも作業は続きます。担当者に回さず、一人で応対した場合は、約束をただちに実行するように動きます。また、上司への報告なども必要でしょう。

担当者に回した場合も、その後の経過を聞くなどして、情報を収集すれば、今後、あなた自身の参考にもなります。

クレームの内容によっては、アフターフォローが必要なこともあります。

アフターフォローには、「後日電話して不都合がないかどうかを確認する」「あらためてお詫びの電話をする」、あるいは「実際に相手の所へ出向いてお詫びする」などが考えられます。

あらためて電話で、または出向いてのお詫びが必要な場合は、相手の怒りが収まらず、納得していないケースです。相手が重要人物であることも想定できます。アフターフォローをしたほうが、その後の両者の関係にとって有効な場合もあるのです。

また、電話で再度謝るときも、出向くときも、怖がらずに真摯な態度でお詫びしなければなりません。

point

相手が本題に入らなくてもいらいらしない。ときには出向くことも必要。

4-6

相手の話を聞いていることをアピール

「さようでございますか」などの相づちを打つ

実際にクレーム電話を受けたとき、具体的にはどんな「聞き方」をすればいいのでしょうか？　ビジネスでの電話の声は、「明るく、はっきり」が基本です。

しかし、クレーム電話の場合、第一声は変わりませんが、クレームだとわかった時点で、少しずつ声の調子を下げていきます。

あまり明るいトーンで話し続けると、相手に「話を真剣に受け止めていないのでは」という不信感を抱かせることになります。最初の10秒で、相手に与える印象が決まるといいますから、慎重に話していきましょう。

相手の話を聞いている、という態度を示すには、相づちを活用します。相づちはなかなか難しいものです。上手なタイミングで打たないと、相手の話の腰を折ることになるので、注意しましょう。

返事をするとき、あるいは聞いていることを示す相づちの基本の言葉は、「はい」です。「ええ」や「はいはい」といった言葉は、くだけた印象を与えて好ましくありません。

特に、「はいはい」は状況によって、相手を見下しているように取られかねないので、仕事の上では日頃から使わないようにしましょう。また、ずっと「はい」だけを使うと一本調子になり、「真剣に聞いていないのではないか」「事務的に受け答えしているだけでは」という疑問を持たれることがあります。

それを避けるには、「はい、わかります」「おっしゃる通りです」など、相づちのバリエーションを増やしましょう。また、「そうですか」という言葉を女性が使うと、ときに冷たい印象を与えることがありますので、女性はあまり使わないほうがいいようです。

相づちを打つときに重要なのは、「相手に共感を示す」ことです。意外性のあることや重要な事柄に対しては驚きを示したほうがいいですし、これから問題を解決していかなければならないのですから、あまりのんびりせず、リズム良く、てきぱきとした受け答えをします。

具体的には声のトーンは低めで、ゆっくりと、毅然とした口調で話します。

「私があなたの訴える問題を受け止めます」という意思が相手に伝わることで、信頼関係が、ひいては問題解決に向けての協働関係が生まれます。この関係を作れるかどうかが、クレームを受けたときの展開に大きく左右するのです。

クレーム電話における相づち

基本の相づち	「はい」「なるほど」「さようでございますか」「かしこまりました」「おっしゃっていることは承知いたしました」
共感の相づち	「まったくその通りです」「おっしゃる通りです」「ごもっともでございます」「確かに、○○ですね」「おっしゃることはわかります」
部分的共感の相づち	「……については、よくわかります」「いま、おっしゃったことは、まさにその通りです」
展開の相づち	「それからどうなさいましたか？」「他に何かございますか？」「ご要望は他に何かございますか？」
確認の相づち	「もう少し、詳しくお話を伺わせていただけますか？」「具体的にはどのようなことでしょうか？」

クレーム電話におけるフレーズ

謝辞	「申し訳ございません」「お役に立てず恐縮です」「ご面倒をお掛けいたしました」「お手数をお掛けいたしました」「ご不快な気持ちにさせてしまい、申し訳ございません」「今後、二度とそのようなことがないようにいたします」
クッション言葉	「失礼ですが」「恐縮ですが」「念のため」「あいにく」「お手数ですが」「申し訳ございませんが」「お差し支えなければ」

point

くだけた印象の相づちは普段から使わないようにしよう。
相手に共感を示すことで、その後の応対がスムーズに。

4-7

お詫びを言う

状況に応じて、具体的な謝罪を言う

「申し訳ございません」という言葉は、諸刃の剣です。相手の気持ちを鎮めることもできますが、逆に相手の怒りを増幅させる原因にもなり得ます。相手が怒っているからといって、闇雲に連発するのは逆効果です。

お詫びを言う目的は、相手を不快にさせたことへの謝罪であり、現実的な問題解決へ向かうために、相手との協働関係を整えることです。ですから、お詫びの言葉も相手の話に呼応していることを示さなければ有効ではないのです。

何度も謝ったのに、逆に相手に不快感を与えてしまうのは、お詫びがただの形式に感じられるからです。「謝れば済むと思っているのだろう」と相手が思ってしまうのです。

こうしたトラブルを避けるためにも、お詫びを言うときは言葉を選びましょう。

「ご迷惑をお掛けして、申し訳ございませんでした」

「不愉快な思いをさせる事態となり（を招き）申し訳ございません」

このように、何に対して詫びるかを明確にする必要があります。具体的にお詫びすることで、相手は「きちんとこちらの話を聞いて応対している」と納得することができます。また、こちらへの信頼も持ちやすくなります。

もし、相手の話から、こちらに非がないと思ったとしても、お詫びの言葉は必要です。なぜなら、相手がこちらの製品やサービスなどに対して不満を持っている、という現状に対するお詫びだからです。ここを間違え、形式的に謝ると、声に誠意がなくなり、「謝れば済むと……」という展開になりかねません。謝罪が必要だと判断したときは、躊躇せずにきちんと謝りましょう。

とはいえ、お詫びを言ったからといって、こちら側に全面的な非があることを認めるわけではありません。ただ、「申し訳ございません」と言うだけでは、相手は「責任は自分にはない」と誤解して受け止めてしまいます。

誤解を受けないようにするためにも、具体的なお詫びの言葉を伝えるのが望ましいでしょう。

point

意味もなく謝るのは逆効果。
相手との協働関係を作るお詫びをしよう。

4-8

電話が長引きそうなとき

「こちらから、お電話をさせていただきたいのですが……」と折り返し電話を申し出る

クレーム電話では、以下の4点のように、事情により一度、電話を切って応対したほうがいい場合があります。

①問題解決のために、状況確認など時間が掛かる作業が必要な場合

状況を確認したい、または上司と相談しなければならないといった場合は、一定の時間が必要です。相手に待ってもらうよりも、折り返し電話を提案したほうがいいでしょう。

②フリーコールでない場合

通話料金は相手に掛かりますから、通話が長くなると想定された場合、こちらから掛け直したほうが相手の負担が軽減されます。

③相手が冷静になってから話を進めたほうがいい場合

相手が感情的なとき、折り返し電話の提案をするのは多少、緊張が伴うでしょう。とはいえ、相手が興奮状態の場合、問題解決への協働関係を作るのは困難です。

一旦電話を切り、間を置くことで、相手の気持ちも落ち着き、あらためて話し合いができる状況になり得ます。

④いたずら電話の防止の場合

クレーム電話を偽ったいたずら電話などでは、相手の名前や連絡先を言いません。こうした電話は折り返し電話の提案をすることで、防ぐことができます。

折り返し電話を提案するときに大切なのは、その前にできるだけ相手との信頼関係を作っておくことです。

相手が「電話すると言っているけれど、こないかも……」という不安を感じるような場合に提案しても、断られる可能性が高いでしょう。「この人（企業）ならきちんと電話してくれる」と思ってもらえる応対を、話を聞く段階で行っていることが前提です。

信頼関係ができていれば、相手は納得してくれるでしょう。

そして相手が納得した場合も、「お調べするのに（目的）、1時間ほど（所要時間）掛かりますので、午後3時くらい（予定時間）に私のほう（責任の所在）からお電話させていただきたいのですが、ご都合はいかがでしょうか？（相手の都合の確認）」と、具体的な事柄を詳しく伝えることで、相手の信頼を得ることにつながります。

point

長く待たせるより折り返し電話をする。電話を切ったほうが効果的な場合もある。

4-9

相手が勘違いしているとき

相手の勘違いをあからさまに訂正しない

クレーム電話を受け、話を聞いた結果、相手が何か勘違いをしていることがわかった場合、それを指摘するのは難しいものです。しかし、指摘しないと問題が解決しない場合は、相手にしっかり納得してもらう必要があります。

こんなときには、「クッション言葉」をうまく使いましょう。

仕事では汎用性の高いクッション言葉ですが、特に、お願いをするときや反対意見を述べるとき、断るときなどに使うと、言葉の印象を和らげてくれます。

しかし、クッション言葉を使うとしても、「恐れ入りますが、お客様がおっしゃっている○×は□△のことです」など、単刀直入に言ってはいけません。

相手の意見を訂正する場合、断定的な言い方をすると、相手は否定されていると受け止める可能性があるからです。「恐れ入りますが、確認させていただいてもよろしいですか？　○×とは□△のことでしょうか？」など、質問する形で申し出たほうが表現は柔らかくなります。

また、「○×を注文したのに届かない。早く届けてほしい」というクレームを受け、調べても注文を受けた記録がなかった、という場合、どちらが間違っているかがわかりません。

このようなときは、「ご注文を受けた記録はございませんが」など、相手に非があるような発言も適切とはいえません。相手が賠償などの要求をしているわけではない場合、どちらが間違っているかよりも、相手の希望を早くかなえることを優先すべきです。

「お待たせして申し訳ございませんでした。ただいま、配達の手配をいたします」と、相手を不快にさせたことを詫びてから、迅速に手配することが求められます。

こちらの記録ミスでなかったかどうかの原因追究は、相手の要求に応対してから、あらためて調べればいいでしょう。

クレーム電話では、事柄を明確化していくことも大事ですが、反論は問題解決に必要な場合にのみ、と心得ましょう。

point

相手に異議を唱えるときは断定しない。ときには原因追究よりも問題の解決を優先する。

4-10

相手にクレームの事実確認をするとき

会話の中で、こちらの解釈に間違いがないか確認を入れながら回答する

クレーム電話では、相手の話にまとまりがないこともありますし、メモが追いつかないほど複雑な場合もあります。そんなときのために、クレーム内容の把握には、以下の「５Ｗ３Ｈ」を覚えておきましょう。

「誰が」 Who
「いつ」 When
「どこで」 Where
「どんなトラブルが」 What
「どのように起きたのか」 How to
「なぜ起きたのか」 Why
「どの程度のトラブルか」 How many
「いくらくらいか」 How much

この5W3Hの状態がわかれば、クレームの内容は把握できます。

内容を把握したら、相手に事実確認をしなければなりません。こちらが間違って認識している可能性もありますし、一方で相手にもクレームの内容をあらためて認識してもらうために、内容の確認は役立ちます。

このときにも、「恐れ入ります。念のために確認させていただきたいのですが、お客様がお持ちの商品の型番号は○○○○―○○でよろしいですか？」など、クッション言葉を使って内容を確認すればいいでしょう。クッション言葉は、疑問の形で相手にたずねたほうがより柔らかな印象を与えます。

ここでもし、あなたの認識が間違っていたら、正すことができます。間違っていたからといって慌てる必要はありません。間違ったことに対してお詫びを言い、正しい認識を再度、相手に確認すればいいのです。

こうすれば相手も、こちら側がクレームの内容を正しく把握したことがわかって、安心感が得られます。くれぐれも、内容確認はしっかり行いましょう。

point

クレームの内容把握には5W3Hを活用しよう。
内容の確認は相手を安心させる。

クレームの事実確認をする5W3H

「誰が」	Who
「いつ」	When
「どこで」	Where
「どんなトラブルが」	What
「どのように起きたのか」	How to
「なぜ起きたのか」	Why
「どの程度のトラブルか」	How many
「いくらくらいか」	How much

4-11 相手に同じことを何度も言わせない
電話のたらい回しは厳禁！

電話のたらい回しや、相手に何度も同じことを言わせるのは、普段の電話応対でも、相手を不愉快にさせる行為なので避けねばなりません。

特にクレーム電話では、相手を不快にさせるだけではなく、不満をつのらせ、二次クレームを引き起こします。

にもかかわらず、クレームではこうしたトラブルが起きることが往々にしてあるのです。それはなぜでしょうか？

理由のひとつに、受ける側が慌ててしまい、クレームの内容をしっかり把握していないことがあります。

受ける側が、内容をよくわかっていないために、担当と違う部署に電話を取り次いでしまうことや、内容を担当者に伝えないまま取り次いでしまうなどの行動です。

クレーム電話の場合は、慎重に取り次ぐことが求められます。また、クレームでも相手に名指し人がいるか否かで、応対は以下の２つのように違ってくるでしょう。

①名指し人がいる場合

「○×が故障しちゃって。営業の田中さんお願いします」と名指し人を言われた場合、名指し人がいればすぐに電話を取り次ぎます。

もし、名指し人が不在なら、あなたから携帯などに連絡を取ります。

クレームを受けたときは緊急事態と考え、すぐ相手に連絡してもらうように伝えるなど、迅速な応対を取ってください。

②名指し人がいない場合

「先日、○×を購入したんだけれど、もう壊れちゃったみたいで……」など、名指し人のいないクレームは内容をよく聞いて、どの部署につないだらいいのかを判断し、取り次ぎます。

そのときは、「○×の故障の件です」と担当者にきちんと伝えましょう。

また、「私でよければ、お話をお伺いします」と、あなたが詳細を聞いて、解決できる問題ならすぐに処理しますし、聞いてから他に適任者がいると判断した場合は、内容の詳細を担当者に伝え、電話を取り次げばいいでしょう。

クレーム電話を受けた場合、自分の担当でなくても、その内容の把握に努めることが、二次クレームを引き起こさないためにも必要なことなのです。

point

取り次ぐときにクレームの内容をしっかり理解しよう。名指し人がいるときは迅速な応対を。

4-12

相手が興奮しているとき
ゆっくりと話し、自分の会話のペースに相手を乗せる

電話で相手が興奮しているときの応対は難しいものです。相手のペースに巻き込まれて、こちらも感情的になりがちですが、相手が興奮しているからこそ、決して同じように感情的になってはいけません。

お互いが興奮し、感情的になると、喧嘩腰の会話になり、ますます事態が悪化するからです。相手が興奮しているときこそ、冷静に応対しなければいけないのです。

相手が興奮しているときに、こちらも早口で話すと、感情的になりやすいので、意識して、ゆっくり話すように心掛けてください。また、相手よりも節度を持った話し方を心掛けるのが重要です。

「いますぐ来い！」「消費者センターに言うぞ！」といった挑発的な発言をしても、動揺してはいけません。

そのようなとき、「相手は挑発しているだけだ」という冷静な認識を持つことで、相手のペースに巻き込まれないようになります。

クレーム電話の応対例

顧客	自分（会社）
「誠意を見せろ！」	「このように応対していることが誠意と考えておりますが……」
「いますぐ来い！」	「問題を解決させていただくことが……」「準備が必要……」
「消費者センター（役所）に言うぞ！」	「まずは、当社で応対させてください」「誠に残念ですが……」
「社長を出せ！」	「組織としてお話を伺います」「私どもから、定期的に報告することになっております」

また、相手の怒りの矛先はあくまでも会社（商品、あるいはサービス）であって、あなた自身ではないのです。

相手がどんなに興奮しているときでも、「落ち着いていただけますか」「お怒りになられても」など、相手に対していさめる発言をしたり、異議を唱えたりしてはいけません。

相手が求めているのは反論ではなく、「同意」なのです。ときには、謝罪を強く求めてくることもありますが、まずは「同意」してほしいという気持ちが占めています。

相手への同意を示すには、たとえば「昨日、納品されるはずの商品が今日になっても届いてないぞ」と言われたら、「昨日、納品予定の商品がまだ届いていないのですね」と、相手の話をそのまま反復する言葉で応対するのがいいでしょう。

こうした反復の言葉は、相手に「同意されている」という気分をもたらすと同時に、こちらにとってもクレームの内容を把握することに役立ちます。

同意されていると感じれば少しずつ、興奮が収まり、こちらのペースで会話ができるようになります。

そのためにも、興奮している相手には「反復」を上手に使えるようにしましょう。

point

クレーム電話ではゆっくり話したほうがいい。同意することで相手も少しずつ落ち着く。

4-13

相手に納得してもらう

お詫びと今後の解決改善策を伝える

クレーム電話では、相手が訴える問題について、何らかの解決（改善）策を示す必要があります。最終的に相手に納得してもらうのは、どの電話でも同じことですが、クレーム電話では特に何を注意すればいいのでしょうか？

クレーム電話の場合はこちらが解決策を提示したとき、相手が素直に「では、それで」と納得してくれることは、他の電話に比べて少ないでしょう。相手からは「渋々」、あるいは「納得できない」という答えが返ってきます。

ですから、クレーム電話の場合は「相手に手間を取らせ、不快にさせた」ことについて、きちんとお詫びの言葉を伝えてから、改善策を伝えたほうがいいでしょう。

お詫びをするときは、ただ「申し訳ございませんでした」と言うと、相手が儀礼的に感じてしまうため、「今回は弊社の商品の故障で、大変ご迷惑をお掛けし、申し訳ございませんでした」など、謝る理由をはっきり言ったほうが、相手の納得を得やすいでしょう。

そして、謝ったことを相手が受け入れてから、「それでは、これから担当者を修理に伺わせても、よろしいでしょうか？」など、解決策を提示します。

このときも、「伺います」と断定ではなく、あくまでも相手の意思を尊重していることを伝えるために、「よろしいでしょうか？」と、お伺いをたてる形で提案したほうがいいでしょう。また、「Aの方法とBの方法がございますが、いかがでしょうか？」と、相手に選ばせるのもいい方法です。

言葉を断定的に使うと、印象がきつくなるだけではなく、「押しつけられている」という感じを相手に与えてしまいます。「相手が納得してくれない」という結果も招きかねないので、クレーム電話では特に注意しましょう。

これで相手が納得してくれれば、たとえ相手にとって完全に満足する解決策でなかったとしても、「自分も同意した」という意識が生まれます。そう相手が意識することで、解決がよりスムーズになるのです。

point

お詫びは具体的に伝えよう。
解決策は疑問形で提案する。

4-14

アフターフォロー

クレーム応対の締めくくりに、相手への感謝の言葉を伝える

クレーム電話の相手が快く、こちらの提案に応じてくれたら、ほぼ一件落着と、あなたは心の中でほっとするでしょう。難しい案件ほど、「良かった」という喜びの気持ちが強いかも知れませんね。

喜ぶことは悪いことではありませんが、まずは相手に対して感謝の気持ちをしっかり伝えましょう。

電話を切る前には必ず、「本日はお電話ありがとうございました。今後はこのようなことがないよう、十二分に注意いたします」「本日は貴重なご意見をありがとうございました。今後とも参考にさせていただきます」など、お礼の言葉とともに今後の展望、改善に努めるという意思表示をします。

クレームに対して、いつでも応対できる姿勢を、「また何か、お気づきの点がございましたら、私、田中までご連絡いただければと存じます」と自分の名前を含めて伝えましょう。

ビジネスシーンにおいて、自分の名前を名乗るときは、「責任を持つ」という態度を示して

いることになります。この態度は、相手にとって好ましいものです。また名乗ることで、同じ相手からのクレームを受けたとき、以前のやりとりがあるので、次のクレームに対しても処理しやすくなるという利点があります。

電話を切る前に、今後の展望と感謝の気持ち、そしてこれからも誠実に応対するという意思を相手に伝えることで、相手も気分良く電話を切ることができるでしょう。

これらの言葉は、こちら側にもクレームを解決したという「喜び」や「充実感」があったほうが、より自然に表現できるでしょう。嬉しい気持ちを表立って表す必要はありませんが、心の中では大いに喜び、素直な気持ちで相手への感謝を伝えるように心掛けてみてください。

最後は、「お電話ありがとうございました。私、田中が承りました。それでは失礼いたします」と言ってから、相手が電話を切るのを確認して、受話器を置いてください。

クレーム電話は電話を切る瞬間まで、丁寧に応対することが大切です。

point

解決の喜びを相手への感謝で伝えよう。
受話器を置くまで気を抜かない応対を。

4-15

クレーム応対後

クレームの応対内容を記録し、今後の対処法として活用

クレーム電話は「電話を切ったら終わり」ではありません。同じクレームを何度も受けないよう、また会社の業務をより良くするために、さらには商品開発や新しいサービスの提案など、クレームは大いに業務改善に役立ちます。

よって、クレームの電話を受け、処理が終わったら必ず記録し、情報を社員で共有するのが望ましいのです。

クレームの記録データを共有するためには、クレームの内容や結果は、電話を受けた人間とは別だという認識を、会社全体で持つ必要があります。クレームをネガティブなものだと考える会社では、クレームを受けたことをマイナスととらえ、記録に残さない傾向があります。

また、クレーム電話を受けた社員が、マイナス評価を受けることを恐れ、「クレーム電話は受けたくない」と思うようにもなります。これではクレームを受け、苦労して処理しても、何の得もありません。そして、クレームを活かすこともできないのです。

クレームを活かすデータ作りには、できれば共通のフォーマットを作りましょう。

記録を残すために、
クレーム応対報告書
フォーマットを作ろう。

クレーム応対報告書例

顧客情報

（受付日時・会社名・担当者名・住所・電話番号など）

受付日時	平成□年□月□日○曜日（午後△時△分）
会社名	●○商事
担当者名	田中様
住所	〒●○○－●○○●
	東京都新宿区新宿町●－○
電話番号	○○－○○○○－○○○○

クレームの内容

（クレームについて原因を分析、顧客の望みを考える）

内容	注文したものが、破損していた
お客様の要望	電話したのに、すぐに応対してくれず、 電話でたらい回しにされた
事実確認	発送中に商品が破損したかどうかを、 発送会社に確認する

クレームの経緯

（クレームが発生した経緯を記録）

年月日	内容	応対した人
平成○年 ○月○日	商品破損について問い合わせあり。 再度、正規商品を発送	鈴木
平成○年 ○月□日	発送中に、商品が破損したかどう かを、発送会社に確認する	鈴木
平成○年 ○月△日	お客様より違う商品が届いたと クレームあり	佐藤

反省点・改善点

（クレーム処理の経緯で気づいたことや、反省、改善点などを書く）

はじめの電話応対で、適切な処理ができず、顧客に不愉快な思いをさせた。また、商品を再送する際に、間違った商品を送ってしまい、さらなるクレームを生んでしまった。今後、電話応対で顧客を待たせない努力と、商品確認を徹底する。

フォーマットには、クレームを受けた日時、相手の社名や担当者名、住所、電話番号、といった基本的な情報から、クレームの内容、応対の経緯、反省点や改善点、相手の口調や態度などを書いていきます。

相手についても「責任者を出せと言われた」「○×と言ったら怒り出した」など、事細かく書いたほうが、のちに他の人が見たときにも参考になります。

もしクレーム処理が1日で終わらず、時間が掛かったときは日付等、時間の経過も詳しく書いておきましょう。

クレームのデータは、社員がいつでも見られるように共有します。こうすれば、同じ内容のクレームがあった場合、記録を見ればすぐに対策がわかりますし、担当者に詳細を問い合わせることもできるようになります。

データがある程度の数になれば、そこから、どんなクレームが多いのかなどの分析が可能になります。その分析をもとに、クレーム防止のマニュアルを作成することもできるでしょう。

この分析データは、商品の改良や新商品の開発にも役立ちます。

たとえば商品で、同じクレームが複数発生していることがわかったら、商品に根本的な問題がないかを確かめる必要があるでしょう。

問題があれば改善する必要もありますし、商品に問題がなくても、説明書の内容が不十分なので注意書きを補足するなど、改良のポイントが見つけられます。また、「○×には△▲の機能がないのか」など、問い合わせの多かったクレームから、新商品を開発するきっかけにもなるでしょう。

クレームを共有し、分析することは、類似のクレームを減らし、新しいアイデアを生み出すことになります。

ビジネスでのクレームはやはり「宝の山」なのです。そのためにも、クレームの記録はオープンにして、今後のために活かしましょう。

point

クレームの記録は共通フォーマットを作ろう。
クレームを分析すれば新しいアイデアが見えてくる。

COLUMN 5

間違えやすいクレームでのNGワード

クレーム電話を受けたとき、何気なく使った言葉が、相手の感情を害することもあるので、話すときには十分に気をつけよう。

「おわかりですね」

「おわかりですね」のように、相手の自尊心を傷つける可能性のある言葉遣いはNG。「ご理解していただけましたか？」も同様なので、使わないようにしよう。相手が内容を理解しているかを確認したいときは、「私の説明で何かご不明な点はございますか？」などの疑問形を使う。

「大したことではありません」

相手の主張に対して、どんな些細なことであっても、こちらが重要でないと主張してはいけない。相手の感じ方を優先するように努める。

「絶対にありません」

「絶対」という言葉は、非常に強い印象を与える。万が一の可能性を考えると、ビジネスでは使わないほうがいい。

「ごめんなさい」

「ごめんなさい」はプライベートで使う言葉なので、くだけた印象を与える。ビジネスでは「申し訳ございません」を使う。

「ちょっと待ってください」

クレーム電話では、相手の言葉を遮らずに聞くのが基本の応対。できるだけ、相手の話が終わるまで、聞いたほうがいい。もし、どうしても話を中断しなければならないときは、「申し訳ございません」とお詫びしてから、その旨を伝えるようにする。

「本当にそうなのですか？」

いたずら電話でない限り、相手の話を疑う発言は禁物。間違いがあったとしても、最後まで話を聞いてから、たずねる形で間違いを確認していく。

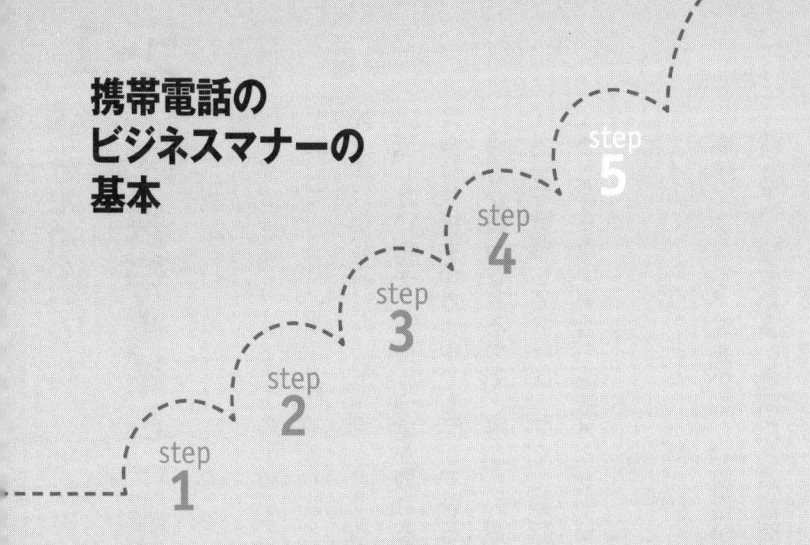

携帯電話のビジネスマナーの基本

step 5

step 4

step 3

step 2

step 1

5-1 携帯電話と一般電話の違い

現在では、プライベートの電話がすべて携帯、という人も増えていますが、ビジネスシーンにおいて、会社の電話と携帯電話は、どのように使い分ければいいのでしょうか？

まず、携帯電話が一般電話と違う利点は、以下5点になります。

①話したい相手と直接、連絡が取れる
②自分や相手が外出中でも話ができる
③番号が表示されるので、誰からの電話かがわかる
④番号を登録しておけば、すぐに電話が掛けられる
⑤つながらない場合も直接メッセージが残せる

とはいえ、利点がある一方で、以下3点の欠点も挙げられます。

①場所によって、電波が悪く、通話が途切れることがある
②駅など、騒音が多い場所だと声が聞き取りにくい

③電話がつながっても、状況によっては落ち着いて話ができない

また、会社から支給された携帯電話でなければ、個人の所有物です。よって、ビジネスシーンでは、携帯電話の掛け方に配慮が必要とされます。

相手が携帯番号を教えてくれたからといって、次回から、いつも携帯に掛ける、というのは好ましくありません。基本的には、まず会社へ電話を掛けて、緊急時など、必要な場合にのみ携帯電話に掛ける、というふうに使い分けます。

ただし、相手が仕事上、外出がちで、名刺に携帯番号が書いてある場合などは、「今後、ご連絡するときはどちらにお掛けしたらよろしいですか？」と聞くといいでしょう。

「どちらでも」と言われたら、基本通りに、まず会社に電話を掛けます。一方、「外に出ていることが多いので、携帯電話にお願いします」と言われたら、携帯電話に掛けましょう。

point

会社にいるときは会社の固定電話を使おう。携帯電話に掛ける前に相手の希望を聞こう。

5-2

携帯電話のマナー

周囲に迷惑を掛けないビジネスルール

携帯電話も一般電話も、「電話」であることには変わりません。ただ、携帯電話はどこでも使えるという特性上、特有のマナーがあります。よって、ビジネスシーンではマナーをしっかり守って使うことが求められます。

マナーを守らずに使うと、あなたの印象、ひいては会社そのものの印象を悪くするので、以下の点には注意しなければなりません。

①電源を切るべき場所では使わない

電車や飛行機の中、バスや病院など、公の場で携帯電話の電源を切るように指示している場所では電源を切るのがマナーです。

②会議中や打ち合わせ中

重要な会議や打ち合わせでは、マナーモードではなく、電源を切っておいたほうがいい場合もあります。

マナーモードにしても、機種によっては振動などで周囲にわかり、気が散ることがあるからです。集中しなければいけない場所では電源は切っておきましょう。

③社内でもマナーモードを使う

普段からビジネスでも携帯電話を多用している場合は別ですが、普段使っていない場合は、呼び出し音で周囲に迷惑を掛けないよう、社内ではマナーモードにしておいたほうがいいでしょう。

これは社風にもよりますので、状況に合わせてください。

④呼び出し音は使い分ける

携帯電話は一般電話と違い、呼び出し音が選べます。相手によって音を変えることができますし、自分の好きな音楽をダウンロードすることもできます。プライベートでは、こうした機能を楽しんでいる人も多いでしょう。

とはいえ、仕事中にヒットソングの呼び出し音が鳴るのは状況にそぐわず、印象が良くありません。ビジネスシーンでは、一般的な呼び出し音に設定するようにしてください。

⑤人の携帯番号を勝手に教えない

会社で電話を受け、名指し人が不在のとき、相手から「では携帯の番号を教えてください」と言われたら、あなたはどうしますか？

携帯電話は個人のプライベートにもかかわるものなので、すぐに教えてはいけません。最初に本人の了解を得る必要があります。

ただ、相手が名指し人の携帯番号を聞いてくるときには、緊急の場合もありますので、「お急ぎですか？」と相手の状況を確認しましょう。そして、緊急の場合は「私からすぐに担当者に連絡を取りまして、本人から連絡を差し上げるように伝えますので……」と、折り返し電話することを伝えましょう。

名指し人に連絡するときは、「携帯の番号を教えてくださいとおっしゃっていました」と付け加えます。こうすれば名指し人が判断し、相手に連絡を取るときに、本人から携帯番号を伝える、あるいは「番号を教えていい」などの指示を出すことができます。

⑥重要な用件は携帯電話では話さない方がいい

携帯電話で話すときは、社外にいるときが多いでしょう。通信状態が悪く、会話が途切れる可能性もありますし、周りにたくさんの人がいることもあります。話の内容を第三者に聞かれる可能性が、社内で話すよりもずっと高いのです。

他者に聞かれては困るような重要な用件、個人情報が出てくる内容や商談、金銭に関係する用件などは、携帯電話では話さず、お互いが会社に戻ってから話したほうが安心です。

携帯電話を切る場所、マナーモードにする場所一覧

携帯電話を切る場所	電車、バスなどの公共機関／飛行機（電子機器に影響を及ぼすため）／病院などの医療機関（医療電気機器に影響を及ぼすため）／劇場、映画館、美術館など
マナーモードにする場所	会社内／レストランやホテルのロビー、エレベーターなど静かな場所／新幹線は車内アナウンスにしたがう

相手が外出中の場合は、会社に戻るのを待ちましょう。

もし、自分が外出中で、携帯に相手から電話が掛かってきた場合は、「ただいま外におります。社に○時頃に戻りますので、戻りしだい、こちらからご連絡させていただいてもよろしいでしょうか？」と、折り返し電話を約束するか、第三者がいないような静かな場所に移動してから、掛け直すことを伝えましょう。

point

ビジネスシーンにおける携帯電話のマナーを覚えよう。
他人の携帯番号は気軽に教えない。

5-3a

携帯電話へ掛けていい時間帯
相手先の都合を伺う

携帯電話は、「いつでもどこでも電話がつながる」と思う人が多いかも知れません。とはいえ、ビジネスシーンでは、携帯電話を掛けるときに、いくつかの配慮が必要です。

まず、電話を掛けていい基本的な時間帯は就業時間内です。会社の固定電話と同じで、忙しい始業直後や昼食の時間は緊急でない限り、電話しないのがマナーです。

相手の携帯電話に電話がつながったとき、通常の固定電話と同様に、挨拶して名前を名乗りましょう。そして用件の前に必ず、「いま、お話ししてもよろしいでしょうか？」「いま、お時間はよろしいでしょうか？」と相手の都合を伺いましょう。社内にいるときと比べて、携帯電話を受けているとき、相手は用事の最中か、または人ごみなど、話をしにくい状況にいることが多いものです。「いいですよ」と相手が了解してから、用件に入ります。

あなたが携帯電話を受けたときのことを想像してみてください。あなたは立ち止まって会話を続けるでしょうか？　それとも歩くなど、他の動作をしながらでしょうか？　これは状況によります。時間的な余裕があり、止まっていても迷惑にならない場所にいるなら、あなたは立ち止まって会話に集中するでしょう。しかし、次の場所に急いで向かう途中や、止まっていると迷惑になる場所にいたら、あなたは歩きながら会話を続けるでしょう。歩きながら携帯電話で話すと、途中で声が聞こえなくなることもあります。ですから、携帯電話に掛けるときは、固定電話に掛けるときよりも、用件をより端的に話すように努めましょう。

もし、話が込み入って、相手にも落ち着いて話をしてほしい場合は、最初に「しばらくの間、お話ができますでしょうか？」「いま、落ち着いてお話ができますでしょうか？」とたずねるといいでしょう。そうすれば相手は「大丈夫です」、あるいは「いま、移動していますので、すぐに折り返し電話をいたします」など、状況に合わせた応対をしてくれるはずです。

一方、呼び出しコールは何度くらい鳴らせばいいのでしょうか？ ビジネスシーンでは8～10回ほど鳴らしても出ないようなら、相手が出られない状況と考えます。あまり長く鳴らし続けると、迷惑になることもありますから、注意しましょう。

point

携帯電話に掛けていい時間帯に配慮しよう。相手が話せる状況か、まず確認しよう。

5-3b

携帯電話を掛ける場所

静かな場所で電話をする

携帯電話を使用する場合は、「どこででも」というわけにはいきません。

社内なら、周囲がうるさくても「電話を掛けるので、静かにしてください」と言えますが、外出時ではそうはいきません。

雑踏の中で電話すると、お互いの声がはっきり聞き取れない場合もあります。なるべく人のいない、静かな場所から電話を掛けるのが望ましいでしょう。

こちらから電話を掛ける場合は、事前に静かな場所へ移動します。携帯電話の電波は不安定なので、歩きながら電話するのは避けましょう。

特に、車の多い場所や雑踏で歩きながら話をすると、集中力が散漫になって、思わぬ事故につながりかねません。

また、駅の構内などもアナウンスの音が大きく、電波状態が悪くなくても聞き取れないことがあるので、携帯電話を掛けるのには向いていません。

とはいえ、携帯電話は緊急時に使うことも多いものです。急な遅延連絡などは、移動しながら連絡しなければなりません。

そのようなときは、最初に相手へ「ただいま、携帯電話から掛けておりまして、聞き取りにくいことがありましたら申し訳ございません」と、携帯電話から掛けていることを伝えましょう。こう伝えることで、相手にも心構えができ、より注意深く聞いてくれます。

また、会話も簡潔にまとめてくれるでしょう。通話途中で電話が切れたとしても、不安を感じることを避けられます。

こちらが電話を受けたとき、話ができない場所にいた場合は、「ただいま、電話が聞き取りにくい場所におりまして、場所を移動しますので、5分後にこちらからあらためてお電話させていただいてよろしいでしょうか？」と相手に了解を得てから、静かな場所へ移動し、掛け直すようにしましょう。

point

自分から相手の携帯電話に掛けるときは静かな場所で。緊急時は携帯電話から掛けていることを告げる。

5-3c

至急携帯電話で掛ける

緊急の場合はすぐに、携帯電話に連絡を入れる

携帯電話がその威力を発揮するのは、やはり「緊急のとき」です。すぐに用件を伝えなければならないとき、相手の指示をすぐに仰がなければならないとき、急ぎの用件のときなど、携帯電話は頼もしい味方になってくれます。

もちろん、緊急時だからといって、どんなふうに使ってもいいわけではありません。たとえば、相手の会社に電話をし、不在だった場合、携帯番号を知っているのなら、相手の携帯電話に掛けたいところです。

とはいえ、その場合は電話を受けた相手に、「田中様の携帯番号は伺っておりますので、そちらにご連絡いたします。念のため、ご伝言もお願いできますでしょうか？」と連絡する旨を伝えます。

また、あなたが外出中の場合は、「誠に恐縮ですが、私の携帯電話にご連絡いただくようお願いいたします。私の携帯の番号は○○○―○○○○―○○○○です」と、伝言と一緒に必ず携帯番号を伝えましょう。

携帯電話の利点は、電源を切っていなければ不在着信でも携帯電話番号が残ることです。切っている場合でも、機種によっては自動的に留守番電話に接続されることが多いです。

夜間などの就業時間外でも、緊急の場合、相手に連絡を取らなければならないときもあります。

この場合、「夜分遅くに申し訳ございません。○×の件でお電話を差し上げました。ただいま、お話しすることができますでしょうか？」とお詫びを伝えてから、電話した用件を伝えて、相手の都合をたずねましょう。

緊急時だからといって、慌てて用件を言い間違えたり、要領を得ない話にならないように気をつけるのは固定電話と同じです。

言い忘れや、聞き忘れがないように、簡単でもいいので事前にメモを書いておくなど、急いでいるときこそ、確実に話を進めるように心掛けてください。

point

緊急時には会社にも伝言を残そう。就業時間外のときはお詫びを最初に伝えよう。

5-4

携帯電話が途中で切れた

相手先にすぐに掛け直すのが原則

携帯電話で会話中に、通話が切れてしまった原因には、通話圏外やバッテリー切れなどの理由が考えられます。携帯電話では、よくある困ったトラブルです。

こんなとき、どう対処したら良いのでしょうか？

基本的には、掛けたほうが掛け直すのがマナーです。また、相手が目上の人である場合は、先方から電話が掛かってきたとしても、あなたから掛け直しましょう。そして、バッテリーがなくなったのでなければ、すぐに相手に電話します。電波状況が悪くて電話が切れたのかどうかは、携帯の電波状況を見ればわかるでしょう。もし悪いようなら、いい状態の場所まで移動し、電話を掛けてください。

相手が固定電話の場合は、「先ほどは電話が途中で切れてしまい、大変失礼いたしました」とお詫びしてから用件を続けます。

もし、相手の携帯電話が、留守番電話に切り替わっているのなら、通話が切れた原因は相手側にあると考えられます。留守番電話には、「先ほどお電話しました、山田と申します。電話が途中で切れてしまい、大変失礼いたしました。また、こちらからお電話いたします」とメッセージを残し、少し時間を空けてから再び掛けてみましょう。また、相手も通話中になっている場合、双方で電話を掛け合っている、という可能性があります。そのときは電話を切って、少し待ってから、あらためて電話します。

自分の携帯電話バッテリーが切れている場合は、すぐに携帯電話を使うことができません。携帯電話を仕事で使っている場合は、常に電池に余裕があるように気をつけておく必要があります。

それでも切れてしまった、という場合は近くの公衆電話を使う、コンビニエンスストアなどで売っている充電済みのバッテリーを購入するなど、できるだけ早く相手に連絡が取れるようにしましょう。また、「すぐに、お電話を差し上げることができず、誠に申し訳ございませんでした」とお詫びの言葉を伝えましょう。

point

相手が目上ならこちらから電話する。バッテリーが切れないように日頃から注意しよう。

5-5

携帯電話にメッセージを残す

留守番電話には簡潔な伝言を！

ビジネスシーンで携帯電話を掛ける場合、プライベートのように「特に用事はないんだけど」「なんとなく電話して」ということは絶対にありえず、必ず用件があります。相手の携帯電話に電話して、留守番電話に切り替わったときは、メッセージを残すという人も多いでしょう。第三者を介する伝言ではあまり詳しい話はできませんが、留守番電話ならある程度、具体的な伝言も残せます。

一方、携帯電話では不在着信も残りますから、あなたから電話があったことは相手に伝わります。メッセージを残せば何の用件だったのか、緊急なのか否かなどが相手にわかるので、ビジネスシーンでは、留守番電話にメッセージは入れたほうがいいでしょう。

メッセージを入れるときは、最初に自分の名前と会社名を必ず伝えます。急ぎでなければ、「急ぎの用件ではございませんので、また私のほうからお電話いたします」と伝えればいいでしょう。

二度以上、電話したけれど、相手につながらず、留守番電話に切り替わってしまった、という場合、何度も同じメッセージを入れるのではなく、「何度もお電話してしまい、申し訳ございません。また、○時くらいにお電話させていただきます」と、より具体的なメッセージを入れるのもひとつの方法です。

緊急の用件などで、相手から至急連絡がほしいという場合は、「恐れ入りますが、ご連絡をいただけますでしょうか？　私の携帯電話の番号は○○○-○○○○-○○○○です」と自分の携帯番号を必ず伝えましょう。

このとき、番号は二度繰り返すといいでしょう。二度言うことで、一度目に聞き取れなくてもメッセージを再生せずに、もう一度聞くことができるからです。

留守番電話は、30秒、1分など録音できる時間が限られています。雑音が多い中で相手がメッセージを聞く場合もありますから、限られた時間内にメッセージを残せるよう、はっきりした口調で、簡潔に用件を話すように心掛けましょう。

point

電話番号は二度繰り返して入れる。留守番電話のメッセージは、はっきりと、簡潔に。

COLUMN 6

気をつけたい携帯電話のNG

携帯電話は、固定電話とは違い、さまざまな機能がある。ビジネスシーンでは、注意して携帯電話を使おう。

写真は安易に撮らない

プライベートでは気軽に使う携帯電話のカメラ機能も、ビジネスでは仕事に関係するものでなければ使わない。また使うときも、周囲に人がいる場合は了解を取るなどしてから使用する。

会社で充電しない

会社から支給された携帯電話ではない限りは、会社で充電しない。

非通知設定は使わない

ビジネスでは掛けた相手に、自分の番号がわかるようにするのが基本。非通知設定は使わない。

腕時計代わりに携帯電話を使わない

時間を見るために携帯電話を使うと、たびたび携帯を見ることになる。メールのチェックをしているようにも見えるので、ビジネスシーンでは腕時計を装着するようにする。

メールは最小限に

仕事中の携帯メールは社員同士など、限られた範囲で使うようにする。また接客中は緊急時でない限り、メールのチェックはしない。

時間つぶしに携帯電話を使わない

人を待っているときに携帯ゲームなどで遊んでいると、相手が来たときに見られる可能性があるので、就業時間中はNG。私用メールのチェックも控える。

ストラップはシンプルなものを

個人の携帯電話をビジネスで使う場合、たくさんストラップをつけたり、華美なデコレーションは控えよう。ストラップはつけてもひとつにし、シンプルなものにする。

著者プロフィール

日本アイラック株式会社

日本アイラックとは、1996年に東京都千代田区に設立されたクレーム対応のプロ集団。代表取締役社長、国原秀則。主に、「危機対応の実践」「高度な知識と豊富な経験」「ネットワーク」の3つのコンセプトを核に据え、危機(crisis)・事故(claim)に対応した、迅速な解決をサービスとして提供。

これだけは知っておきたい

「電話応対マナー」の基本と常識

2012年2月25日　初版発行

著　者　日本アイラック株式会社
発行者　太田　宏
発行所　フォレスト出版株式会社

〒162-0824
東京都新宿区揚場町2-18　白宝ビル5F
電話　03-5229-5750（営業）
　　　03-5229-5757（編集）
URL　http://www.forestpub.co.jp

印刷・製本　日経印刷株式会社

ISBN978-4-89451-481-2　Printed in Japan